中山大学 "985 工程" 研究成果

The Achievements of "985 Project" in Sun Yat-sen University

教育部哲学社会科学研究重大
课题攻关项目
（项目批准号：11JZD023）资助

Supported by the Key Project(11JZD023) of Philosophy & Social Sciences Researches from Ministry of Education of P.R.C.

中山大学服务经济与服务管理论丛

The Library on Service Economics and Service Management in Sun Yat-sen University

服务业相对生产率研究

A Study on Relative Productivity in Service Sector

刘明华 著

经济科学出版社

序 李江帆

　　《中山大学服务经济与服务管理论丛》是中山大学"985 工程"① 服务经济与管理创新研究项目的研究成果，也是中山大学中国第三产业研究中心学术团队多年来对服务经济与服务管理研究的结晶。该成果出版工作的第一期已于 2007 年开始进行，现在呈现在大家面前的是成果出版工作第二期。

　　这套论丛是在第三产业崛起、服务经济和管理越来越为国人关注的背景下出版的。

　　20 世纪中叶以来，随着经济发展和社会进步，世界第三产业呈现迅速发展、后来居上的态势。经济越发达，居民越富裕，第三产业比重就越高；随着经济发展和社会进步，各国第三产业比重都在增大。第三产业的兴旺已成为全球性的发展趋势。据统计，经济合作与发展组织 16 个成员的第三产业的平均就业比重在 1870 年仅为 23.7%，到 1976 年已提高到 55.6%②。从 1960~1982 年，第三产业在 GDP 中的比重，市场经济工业国由 54% 增加到 61%；中等收入国家由 46% 增加到 47%；低收

---

　　① "985 工程"是中国教育部在实施"面向 21 世纪教育振兴行动计划"中重点支持部分高等学校创建世界一流大学和高水平大学的计划，因 1998 年 5 月提出而命名。列入"985"工程的高校共有 38 所。

　　② Irving Leveson and J. W. Wheeler：Western Economics in Transition：Structural Change and Adjustment Policies in Industrial Countries，P. 46，Hudson Institute，U. S.，1980.

入国家由25%增加到31%。第三产业在就业结构中的比重，市场经济工业国由44%增加到56%，中等收入国家由23%增加到34%，低收入国家由14%增加到15%①。2001年，第三产业占GDP的比重，世界平均为67.7%，高收入国家为70.7%；2003年，中高收入国家为61.1%，中等收入国家为51.5%，低收入国家为50.2%②；2006年，世界平均为69.0%，发达国家为72.4%，发展中国家为54.6%③。

第三产业迅速增长是由生产率、消费结构和生产结构诸因素的发展引起的。工农业生产率的提高为劳动力由工农业转移到服务业提供了基础。收入和闲暇时间的增长使消费结构中服务消费比重上升，引起生活服务业的发展。生产的社会化、信息化、市场化和国际化使生产结构中的生产性服务增长，带动生产服务业的发展。收入水平提高使人们用货币交换时间和便利的需求增大，推动提供相关服务的新行业出现。

第三产业的崛起使第三产业在国民经济中的战略地位日趋提高。第三产业生产的服务型生产资料充当现代生产系统中不可替代的重要生产要素的功能，使第三产业成为提高国民经济效率的策源地。第三产业提供的服务消费品具有满足居民日趋丰富的生活需要的功能，使第三产业成为提高现代社会中居民生活质量的关键部门。第三产业对GDP增长的贡献率随国民经济发展水平的提高而增大，使第三产业在发展中国家超越第一产业成为国民经济增长的第二推动力，在发达国家超越第二产业成为GDP增长的第一推动力。第三产业对就业增长的贡献随着工农业劳动生产率的提高和收入水平增长日趋增大，使第三产业成为国民经济中就业增长最快、吸纳劳动力最多的部门。第三产业就业比重和产值比重随着人均GDP增大日趋提高，使第三产业终将超过工农业，成为国民经济中吸纳劳动力和提供社会财富最多的第一大产业。在自然资源日渐枯

---

① 世界银行：《1984年世界发展报告》，中国财政经济出版社1984年版。

② World Development Indicators，http://www.worldbank.org/data/countrydata/countrydata.html.

③ 《中国主要经济社会指标的国际比较（2006年）》，载于《国际统计年鉴（2008）》，中国统计出版社2008年版。注：世界和发达国家数据是2004年的。

竭而人力资源不断开发的环境下，对自然资源依赖程度较弱、对人力资源依赖程度较强的第三产业在推动国民经济发展中有更广阔的发展空间，对自然资源依赖程度较强的第一、第二产业的发展将受到越来越多的限制。因此，在现代社会中，第三产业已脱离在农业经济时代和工业经济时代相对于第一产业和第二产业的次要地位，取得越来越重要的战略地位。

中国第三产业在改革开放前长期发展缓慢，比重偏低。从横向看，第三产业就业比重在1980年仅为13%，在世界银行统计的126个国家和地区中排第106位；增加值比重在1982年为22%，在93个国家和地区中排倒数第2位。从纵向看，1952~1980年中国第三产业就业比重仅增加4个百分点；增加值比重由27.9%下降到21.4%。中国第三产业发展缓慢主要受三个因素的影响。一是经济理论偏差。把服务部门看成不创造社会财富的"非生产部门"，把其比重增大看作帝国主义腐朽性和寄生性的突出表现，导致在实践中对"非生产部门"的歧视，使第三产业资源投入受阻，发展被遏制。二是发展战略偏差。在工农业已有较大发展的时候，没有及时把第三产业的发展列入国家经济发展战略。"四个现代化"把第一、第二产业的现代化列入议事日程，但忽略了整体第三产业的现代化及其发展。三是政策失误。长期实行服务低价制，损害了服务业的利益，不少服务活动被当作资本主义因素来批判，挫伤了服务业发展的积极性。

改革开放以来，特别是中央于1984年提出大力发展第三产业，1992年做出加快发展第三产业的重大战略决策以来，中国第三产业得到全面快速的发展，在国民经济中的地位越来越重要。但是，目前第三产业的发展与中国经济发展阶段和经济发展水平的要求相比，还有较大差距，还存在着总量不足、比重偏低、结构性失衡、服务领域狭小、服务质量不高等问题。究其原因主要有五个方面：一是体制问题。在体制转轨中，不少服务行业执法不严，或无法可依，行业管理松弛，使服务市场混乱。二是供给问题。在短缺经济基本结束的形势下，服务业对服务需求的变动缺乏预见性,开拓新产品的创新能力弱。三是垄断问题。垄断严重的服务行业,价格高、质量次、效率低。四是投入问题。资本、管理、技术、信息要素对第三产业的投入不足。五是认识问题。对发展第三产业的认识不足,经验也不足。

时至今日,各级政府不少决策者对第三产业的战略地位认识不足的旧观念还未完全消除。一些地区的决策者对中国在短缺经济结束、经济全球化和国际分工日趋发展的环境中,已不存在工农业产品供给不足制约第三产业发展的"瓶颈"问题认识不足,以为按照三次产业排序,应先发展第一、第二产业,后发展第三产业,第三产业应在工业化实现后才能重点发展。一些城市的管理者囿于计划经济时代国民经济主要由工农业推动的传统经验,认为工业发展了,第三产业自然就会上去,无须花大力气抓第三产业发展。一些经济发达的城市,认为第三产业对国民经济增长的推动力随经济发展水平的提高而增大,将在发达地区和城市率先超越第二产业,成为 GDP 增长的第一推动力的必然性缺乏预见性,在第三产业日趋增长,已成为推动经济增长的重要动力的工业化中后期阶段,还把"工业立市"当作经济发展的唯一战略,把第三产业的发展抛于经济发展战略之外。一些地方政府把走新型工业化道路理解成大上工业项目,片面强调工业而忽视第三产业,不顾需要与可能,把大上快上制造业特别是重化工业当作工业化的"政绩"。一些学者对第一、第二产业比重下降,第三产业比重上升的产业高级化趋势心存疑虑,对近年中国第三产业迅猛发展的现象忧心忡忡,斥之为"产业空心化"。一些人不了解第三产业不仅提供服务消费品,而且生产服务型生产资料,把发展第三产业理解成只是搞商贸、旅游。一些人不尊重第三产业特性及其特殊发展规律,热衷于以跟风头、赶浪潮、靠克隆、搞运动的方式发展第三产业,大搞服务项目的低水平重复建设,引起了第三产业的结构性失衡。凡此种种,反映了对中国第三产业发展理论研究和宣传普及工作的不足,也向经济理论工作者的研究分析能力提出了挑战。

中国现正处在全面建设惠及十几亿人口的更高水平的小康社会的重

要历史时期。根据发达国家现代化历程和产业结构演变规律可以预料，中国全面建设小康社会的过程，将是国民经济软化的过程。这一过程在消费结构上将表现为实物消费比重下降、服务消费比重上升；在产业结构上将表现为第一产业比重下降、第二产业比重先升后降、第三产业比重持续上升。

为了揭示第三产业发展规律，纠正中国第三产业发展中出现的偏差、解决现实问题，化解深层矛盾，引导和推进第三产业在健康发展轨道上发展，很有必要对服务经济与服务管理的前沿问题做研究探索。

从经济学的角度看，中国学者应加强对服务经济三方面问题的研究：

一是三次产业结构演变与第三产业发展包括：三次产业结构演变趋势；产业结构转换与第三产业发展；第三产业内部结构演变趋势。

二是产业结构高级化与国民经济的互动关系包括：三次产业与服务经济的关联波及；产业结构演变的结构奖赏与结构负担；第三产业对经济增长速度的影响。

三是与服务经济崛起相关的新现象包括：第三产业的产业融合；第三产业化与制造业服务化；服务生产率的衡量及促进机制；生产服务业发展与服务外包趋势、服务产业聚集与城市化发展；信息产业对服务经济的刷新；非营利组织市场化运作模式；服务业成本病、服务业信息化、服务业集群、相对生产率等。

从管理科学的角度看，中国学者应该推进服务管理的研究。应该看到，在世界第三产业迅速发展、比重已超过第二产业，全球正由工业社会向后工业社会或服务社会过渡的背景下，以工业为模式建立的传统管理理论因忽视服务管理，已不适应第三产业占世界经济总量近七成的当代服务经济时代的发展要求，亟须加以发展。

早在20世纪60年代，美国学者就认为美国已进入"服务革命"时期，提出管理人员应该更多地关注服务领域。在西方，服务管理从服务营销理论的研究中逐渐发展起来。最初对服务管理的研究成果主要面向服务业区别于制造业的关键方面。后来随着研究范围和深度的不断扩展，逐步延伸到生产作业管理、组织理论和人力资源管理、质量管理等学科领域。近年来，越来越多研究服务管理的学者进入测量、统计、决策支持模型的研究领域。服务管理理论虽经历了长达30多年的研究过程，但至今尚未形成完整的学科体系，只是被视为一种新的管理视角或观念。服务管理的关键层面就在于将顾客感知服务质量作为企业经营第一驱动力（Albrecht，1988）。格罗鲁斯（Groonros）在《服务管理与营销》中，基于顾客关系的管理策略角度，详尽分析了企业如何在服务竞争中管理企业与顾客的关系。菲茨西蒙斯则探讨了服务运作、战略和信息技术支持。

国际学术界对服务管理研究的演进的主要特点就是在分析物品与服务的特性和共性的基础上，将管理理论的适用范围由工业拓展到服务业。其大致经历了四个发展阶段：（1）用生产管理（production management），专指制造业的生产过程，忽略甚至否认服务业存在生产活动和生产管理。（2）把生产管理扩展到服务行业，认为服务的提供也是一种生产运作活动，以生产管理概念分析制造业的生产管理，以运作管理（operation management）概念分析服务业的生产管理。如理查德·查斯（Richard B. Chase，1998）就以"制造与服务"为副标题表明其论著的适用范围为制造业和服务业。不过，服务业的运作在其分析中处于次要地位。（3）用运作管理的框架涵盖制造业生产管理和服务业运作管理的分析。如罗杰·施罗德（Roger G. Schroeder，1993）指出：服务业的运作和制造业的运作具有同样的重要性，将平等地对待服务业的运作和制造业的运作，使用共同的运作概念框架来讨论制造业和服务业。但从其论著的章节和篇幅看，对服务业的运作管理仍只占小部分。（4）将服务管理独立作为一门学科单独分析，主要分析服务概念、管理、战略、营销、传递、质量、容量、人力、国际化等问题（Sasser，1978；Fitzsimmons，1982－1998；Collier，1987；Schmenner，1995）。

中国学者从20世纪80年代起关注服务管理，在引进国外服务管理理论方面取得明显进展。在国内服务管理相关文献中，服务质量曾是研究的核心。一些学者从不同的角度，探讨了不同行业的服务质量要素体系，也有少量文献涉及服务设计、服务修复的理论性研究。但是，从总体上看，相当多研究仍属对外国服务管理理论的"本土化研究"，停留在以中国数据验证外国理论在中国的适用性的层面，自主创新能力弱。不少研究仍处于"无思考化再生产"的状态，构建模型虽然形式好看，但缺乏新思想，实际上只是耗费资源"证明"几乎是众所周知的常识，高水平的原创性研究成果还不多。因此，中国学者对服务管理的研究也很有必要"升级"。

我认为，根据中国所处的经济发展阶段，有必要重点研究服务管理的如下四个重要问题。

第一，第三产业崛起形成的影响服务管理的动态服务环境，包括：国民经济软化；政府对垄断性服务行业管制形态的变化；公营服务业和非营利组织的民营化；信息与计算机技术的进步和在服务业的广泛应用；服务连锁店和网络的成长；租借业务的扩展使制造业与服务业形成结合点；制造业成为服务提供者；经济全球化。

第二，服务管理演变的过程与服务管理理论框架的构建。在借鉴国外对服务管理研究成果的基础上，以服务产品在服务领域的创造过程中的运动为研究主线，面向世界第三产业崛起的背景，结合中国服务领域运作的实际，进行管理运作理论创新，探索服务管理实践和理论的演进问题。服务管理以服务产品在服务领域的创造过程中的运动为研究主线构建理论框架。

第三，第三产业崛起引发的服务管理演进的趋势和特点。根据对第三产业崛起形成的影响服务管理的动态服务环境的分析，研究服务管理演进的趋势和特点，包括：服务管理将演变为管理实践和理论的重点与主要任务；服务业规制改革引起自然垄断性服务业管理效率提高；公营和非营利组织管理的市场战略和福利目标的碰撞与磨合；服务运作方式的智能化、网络化、虚拟化；制造业生产运作管理与服务业运作管理的关联、波及与混生；服务运作与服务营销的混生；经济全球化引起生产者服务管理业务全球化。

第四，服务管理创新与中国第三产业的优化升级。面向世界第三产业崛起的背景，结合中国服务领域运作的实际，进行管理运作理论创新，探索服务管理实践和理论的演进问题，以指导中国以管理创新推进产业结构升级优化，促进第三产业与国民经济和社会发展。

服务经济与管理是我二十多年来致力研究的科研课题。我在主持第三产业课题的同时，以科研带动教学，培养第三产业研究方向研究生。2004年，中山大学决定将以我领导的中山大学中国第三产业研究中心为主要平台的服务经济与服务管理研究确定为中山大学"985工程"（第二期）重点研究项目。其研究内容是：面对世界第三产业崛起的形势，结合中国服务领域运作实际，在借鉴国外服务管理研究成果的基础上，充分发挥中山大学在第三产业经济与服务管理学科领域的研究优势，以服务产品在服务领域的创造过程中的运动为研究主线，从第三产业宏观经济分析和特选服务行业微观管理两个层面切入，进行管理运作理论创新，探索服务管理实践和理论的演进，以指导我国以管理创新推进产业结构升级优化，促进第三产业、国民经济和社会发展的实践。其建设目标是：在汇聚人才、创新体制、突出优势的基础上，完善服务经济与管理研究平台的建设和提升平台的攻关水平，利用中山大学在第三产业和服务管理研究中的良好基础，突出发展服务管理学科，带动相关学科，在全国服务管理领域中创立先发优势，从建设服务管理学科入手进行理论创新，培育管理学的新生长点。围绕国家发展现代服务业的目标、服务业升级换代的重大需求，组织项目研究，取得具有重大社会和经济意义的理论与应用成果。在第三产业经济与服务管理研究层面和在特选服务行业微观层面取得重大理论与应用成果。

这些成果按科研进度、成果状况和经费强度，分期分批出版。第一批10本专著在2007年开始与读者见面，在学术界产生了良好影响。现在献给读者的是《中山大学服务经济与服务管理论丛》（以下简称《论丛》）的第二批10本专著。

浏览《论丛》，可以看到这些专著有以下4个共同点。

一是博士概念。这些专著都是我指导的博士生或博士后以其博士和博士后论文为基础扩写而成的。博士们为取得这些研究成果从事了4~8年的第三产业专业研究，其中4个博士从硕士研究生阶段起在我的指导下从事了6~8年第三产业研究。他们长期坚持不懈的努力，终于使他们取得了可喜的成绩。在这批生气勃发的专著面前，我作为导师，也在学生们的成就中分享"授人以鱼"和"授人以渔"的喜悦。多年来，我在指导博士生完成开题、论文撰写、修改、定稿的过程中，利用文字处理软件的审阅和标记修订功能，对博士生的文稿做详细批注、点评，对一些重要段落还逐字逐句地进行直接修改。如今，这些凝聚着我和我的学生们科研心血的文稿电子版已成了刻录在光盘中的难忘"历史文物"了。

二是时代感强。这些专著都以当代第三产业崛起引起的一系列服务经济与服务管理的新现象为专著题目，如服务生产率、城市服务业发展差异、休闲服务、服务产业融合、服务外包、生产服务业、制造业服务化、服务业内部结构高级化、服务业经济"稳定器"作用问题，以及第二产业生产服务、第三产业生产服务、服务业信息化、服务业集群、相对生产率、服务业结构性增长、健康管理服务业、职业体育服务业、租赁服务业、教育服务产品等问题，选题新颖，中国学者过去很少关注和研究，现在以"集群"形式问世，给人以耳目一新的感觉。

三是洋为中用。这些专著都在广泛收集、系统整理和归纳国际学术界服务经济和管理前沿研究最新成果的基础上写成的。作者们对国内外研究动态掌握比较全面，评述比较准确，对要解决的科学问题的目的和意义比较清晰，通过中外比较研究，有针对性地研究第三产业崛起对中国服务经济和管理的影响，分析中国第三产业发展战略面临的新形势、新问题、新机遇、新挑战及应对措施。

四是创新性强。这些专著大都处于服务经济与服务管理某一研究领域的全国领先水平，或填补了我国服务经济与管理研究某一领域的空白，或刷新了某一研究领域的纪录，对服务经济和服务管理学科建设和中国第三产业发展具有促进作用，对政府决策和企业管理有较强的现实意义。

在《论丛》第二批作品出版之际，我衷心感谢中山大学"985 工程"对服务经济与服务管理研究项目的研究资助和出版资助。中山大学、中山大学社科处、中山大学管理学院为服务经济与服务管理研究提供了良好的平台；经济科学出版社及责任编辑范莹女士对《论丛》的出版给予了大力支持和帮助；中山大学中国第三产业研究中心师生和特约研究员积极参加了本项目的研究；很多朋友长期以来关心、支持我从事服务经济与管理研究；在《论丛》研究和撰写过程中，不少研究者的相关文献资料在观点、方法或论据上给课题组以有益的启迪，被《论丛》参考、借鉴或引用。对此，也一并表示诚挚的感谢。

李江帆

2009 年 5 月 22 日

前言

////////////

20 世纪 60 年代以来，随着世界经济从工业经济向服务经济转型，西方发达国家开始进入后工业化社会阶段，服务业的产值比重与就业比重显著上升，服务业在国民经济中的地位与作用不断增强，经济服务化特征非常明显。与此同时，中国等发展中国家通过对外开放、吸引外资、承接国际产业转移等举措大力发展工业，开始进入工业化发展阶段，经济工业化特征显著。处于不同经济发展阶段的国家，其产业的产值结构与劳动力就业结构变动必然存在差异，产业结构及服务业内部结构变动上的差异必将导致产业相对生产率的变化各不相同。

为了探索处于不同经济发展阶段国家的产业结构变动及相对生产率变化的特点，本书以第三产业经济学为指导，综合产业经济学、产业结构相关理论，采用规范分析与实证分析相结合、定性分析与定量分析相融入，以及国内外比较研究的方法，围绕产业结构及相对生产率的变动这条主线，通过数据分析，考察了发达国家、发展中国家以及处于经济转型时期的中国三次产业及服务业内部行业相对生产率的变化，探讨一般变化趋势，旨在理论上为中国制定第三产业发展政策提供参考依据。

全书共分 8 章。第一章导论。阐述相对生产率的概念界定、研究背景、研究方法、研究内容、论文可能的创新之处以及相关问题说明。第二章产业结构演进中的相对生产率。从国外、国内两个方面对有关产业结构变动及相对生产率的文献进行系统归纳和全面梳理，并指出这些研究的主要内容、研究意义和不足之处。第三章分析相对生产率变动的机理。相对生产率发生变化的原因主要受产业结构变动的影响，定性分析影响产出结构和就业结构的各种因素是如何影响相对生产率发生变动的。第四章发达国家服务业相对生产率的实证研究。利用多种数理统计方法，全面分析美国工业化时期、后工业化时期三次产业相对生产率的变动趋势，1979～2004年美国服务业内部行业相对生产率的变化趋势，1979～2003年西方八国三次产业相对生产率以及服务业内部行业相对生产率的变动趋势，总结美国、西方八国三次产业相对生产率以及服务业内部行业相对生产率变化的特点。第五章发展中国家服务业相对生产率的实证研究。使用多种数理统计方法，对印度、马来西亚等发展中国家1970～2005年三次产业相对生产率以及服务业内部行业相对生产率的变化趋势进行全面分析，总结发展中国家服务业相对生产率以及服务业内部行业的相对生产率变化的一般趋势。第六章中国第三产业相对生产率的实证研究。对中华人民共和国建立以来三次产业相对生产率的变动趋势进行分析，并与国外三次产业相对生产率的变化趋势作比较，分析1991～2003年我国第三产业内部行业的相对生产率的变动趋势。通过计量经济模型，对影响我国产业结构效益和第三产业结构效益的因素进行回归分析，提出提高产业结构效益和第三产业结构效益的相关政策建议。第七章中国第三产业相对生产率存在的问题与政策建议。在第六章研究的基础上，进一步分析我国第三产业相对生产率存在的问题，并从国家宏观层面和企业微观层面出发提出相关政策建议。第八章结论与展望。对全篇的研究进行归纳和总结，归纳本项研究的启示、贡献与不足，以及进一步研究的方向。

本书的主要结论：（1）结构变动导致相对生产率发生变动，无论是从三次产业之间的结构还是服务业内部结构来说，都是产出结构及劳动力就业结构发生变动直接导致相对生产率跟着变动。（2）处于不同经济发展阶段的国家，其产业结构及相对生产率的变动存在较大差异。在工业化时期，产业结构及相对生产率的变动较大；在后工业化社会时期，产业结构变动缓慢，相对生产率的变动也相对平稳。（3）单就相对生产率的变动而言，无论是发达国家还是发展中国家，服务业最为稳定，其次是工业，农业的变动幅度最大。随着经济的不断发展，三次产业相对生产率越来越趋近1，特别是工业、服务业更为接近1。（4）在发达国家和发展中国家的服务业内部，不同行业相对生产率的变化差异比较大。"技术进步型"现代服务部门相对生产率的值较高，"技术停滞型"传统服务部门相对生产率的值低，非营利性服务部门相对生产率的值一般也偏低。

刘明华

2017 年 12 月于珠海

目　录

第八章
结论与展望 / 177

第一章

导　论

　　20 世纪 60 年代以来，随着世界经济从工业经济向服务经济的转型，美国、英国等西方发达国家开始进入后工业化社会阶段，服务业的产值比重与就业比重显著上升，服务业在国民经济中的地位与作用不断增强，经济服务化特征非常明显。与此同时，中国、马来西亚、泰国等发展中国家开始大力发展工业，进入工业化发展阶段，经济工业化特征明显。处于不同经济发展阶段的国家的产值结构与劳动力结构存在差异，这种差异又导致产业相对生产率的变化趋势各不相同。为了探索处于不同经济发展阶段的国家的产业结构变动及相对生产率变化的特点，本书以产业结构及相对生产率的变动为主线，全面系统考察发达国家、发展中国家以及处于经济转型时期的中国的三次产业及服务业内部行业相对生产率的变化，并揭示一般变化规律，旨在理论上为我国制定第三产业发展政策提供依据和支持。

第一节　概念界定

一、相对生产率界定

　　相对生产率（relative productivity）的概念是美国经济学家钱纳里和赛尔奎因对准工业国家在工业化过程中产业结构变化的研究中提出的，

他们定义的相对生产率为附加价值份额与劳动力份额之比。[①] 库兹涅茨在对各国的总产值和生产结构的比较研究中也沿用了这一概念，不过他称之为相对国民收入，即把某一给定部门在总产值中的份额除以该部门劳动力在总劳动力中占的份额的比值。[②] 尽管两者名称不一致，但实质内涵却是一致的。库兹涅茨还进一步阐释了该比值的具体含义：设 O_i 和 O_t 分别为 i 部门的产值和整个经济的总产值，设 L_i 和 L_t 分别为 i 部门的劳动力和整个经济的总劳动力，则 i 部门在产值中的份额为 O_i / O_t，劳动力的 i 部门份额为 L_i / L_t。用劳动力的 i 部门份额除产出的 i 部门份额，就得到 i 部门的相对国民收入，即 $O_i L_t : O_t L_i = (O_i / L_i) : (O_t / L_t)$。

钱纳里、库兹涅茨等人所提出的相对生产率的概念为国内众多研究产业结构学者的广泛借鉴，但国内学者在使用这一概念时称谓不尽一致。从目前所掌握的文献来看，国内最早使用相对生产率这一概念的当属产业结构专家杨治（1985），他在其《产业经济学》一书中，沿用了库兹涅茨相对国民收入的提法，不过他又称之为比较劳动生产率。[③] 熊映梧（1990）、郭克莎（1993）、黄少军（2000）等学者使用的是相对劳动生产率的称呼。阎小培（1998）、陈凯（2006）、肖灵机（2006）等人较多地是使用比较劳动生产率。而李江帆（2003）、毕斗斗（2004）等学者称之为相对生产率。尽管称呼不同，但实质都是一样的，都是指某一产业或部门的产值比重与其就业比重之比。为了保持称呼的一致性，本书统一称相对生产率，它被定义为某产业或行业的产值比重与该产业或行业就业比重之比，反映了1%的劳动力在该产业或行业创造的收入比重，用公式表示为：

$$r_i = v_i / l_i \qquad\qquad (1-1)$$

其中，r_i 为某产业的相对生产率；v_i 为该产业的产值占国民收入的比重；l_i 为该产业的就业人数占总就业人数的比重。

对公式（1-1）稍做变换，进一步分析它的经济含义。设 V_i 表示某行业的增加值生产额；V 表示总的国民收入；L_i 表示该行业的就业人数；L

① 钱纳里等著，吴奇等译：《工业化和经济增长的比较研究》，上海人民出版社1995年中文版，第155~157页。

② 库兹涅茨著，常勋等译：《各国的经济增长》，商务印书馆1999年中文版，第232页。

③ 杨治：《产业经济学导论》，中国人民大学出版社1985年版，第46~54页。

表示总的就业人数。则

$$r_i = v_i / l_i = \frac{V_i/V}{L_i/L} = \frac{V_i}{L_i} / \frac{V}{L} \qquad (1-2)$$

其中，$\frac{V_i}{L_i}$ 为该行业单位劳动力的增加值生产额；$\frac{V}{L}$ 为全行业单位劳动力的增加值生产额。

因此，相对生产率实质就是某行业的劳动生产率与全产业劳动生产率之比。相对生产率越高的产业，其单位劳动力创造的价值越多，该产业就越有吸引力，资源就会从其他产业流向该产业。

相对生产率反映了产值结构与就业结构的相对变动关系，用来反映它们之间的绝对变动关系的是产业结构偏离度，两者都是衡量产业或部门结构效益的有效指标。[①] 产业结构偏离度是指某一产业的就业比重与其产值比重之差，三次产业偏离度的绝对值之和就是产业结构总的偏离度。产业结构的非正常偏离与其结构效益成反比。结构偏离度愈大，相对生产率在各产业之间的分布越不均衡，产业结构的效益也越低；结构偏离度愈小，各产业之间的相对生产率也越趋近，即产业的产值比重与就业比重的值也越趋近于1，产业结构的效益也高。[②] 库茨涅茨依据大量实证分析证明，随着人均国民收入水平的提高，农业的相对生产率会趋于稳定并在进入较高收入水平后明显上升，工业、服务业的相对生产率随着人均收入的提高则会显著下降，当三次产业的相对生产率比较接近时，产业结构的效益水平提高。在公式（1-2）中，每年的 $\frac{V}{L}$ 是一定的，若要使相对生产率接近，各个产业的 $\frac{V_i}{L_i}$ 也应比较接近。也就是说，三次产业的相对生产率都大致为 1.0 时产业结构效益最佳。相对生产率既可用来衡量不同产业之间的结构效益，如三次产业的相对生产率，也可以用来衡量一个产业内部不同行业或部门之间的结构效益，如第三产业内部不同行业的相对生产率。

---

① 郭克莎：《中国：改革中的经济增长与结构变动》，上海人民出版社1996年版，第252页。
② 熊映梧、郭克莎、阎小培、肖灵机等人均对此做出了同样的结论。

二、生产力、生产率与相对生产率

生产力是人们认识、利用、改造、协调和控制自然界获取物质资料的能力。[①] 生产力是一个系统，包含三个层次：第一层次的生产力是劳动力、科学技术力和自然力，这是生产力的本源；第二层次的生产力是生产资料，这是生产力载体或三力的体现；第三层次生产力是管理，这是结合性生产。社会化大生产需要通过管理把三力和生产资料结合起来，把劳动群众组织起来，有秩序协调一致地进行生产。[②] 生产率是一个常用的经济范畴，它是指一个国家、地区或企业在经济发展中全部产出（产品、劳务等）与投入（人力、资本、资源、技术等）之比，其目的是度量各种资源（人力、物力、财力）的合理利用程度以及判别技术的差距。[③] 根据投入要素的不同，生产率可以分为劳动生产率、资本生产率、技术效率、单要素生产率和全要素生产率。生产率的提高是经济增长的源泉，也是衡量一个国家经济增长质量以及生产力水平的主要标准。

生产力与生产率二者在本质上一致的。它们都是以人类征服、改造、利用和协调自然，以期创造更多满足社会需要的使用价值或服务为研究对象的，以使用价值及创造这种使用价值的社会力量为研究主线，揭示人与自然（包括人与人）之间相互关系规律从而较少的投入来获取较多的产出为研究目的。生产力与生产率二者共同在统一客体上，两者的主要区别在于分析方法和研究视角上的差异。生产力主要从质的方面揭示了人类作用于自然而创造社会财富的社会力量，而生产率则在质的规定下着重从量的方面描述了这种社会力量。即生产力是生产率质的规定性的反映，生产率是生产力量的规定性的描述。[④]

相对生产率是评价产业结构平衡度的一个指标。在经济发展过程中，

① 鲍步云：《生产率论》，载于《学术交流》1990 年第 6 期，第 30 页。

② 陈书生：《关于生产力若干问题的研究》，载于《当代经济研究》1992 年第 Z1 期，第 83～84 页。

③ 李京文等：《生产率与中国经济增长的研究》，载于《数量经济技术经济研究》1992 年第 1 期，第 66～67 页。

④ 张德霖：《两大理论体系中的生产力与生产率理论的比较研究》，载于《经济研究》1990 年第 1 期，第 46 页。

由于各个产业之间的技术进步率不同，绝对的均衡状态不可能出现，一定程度的偏离现象就会发生。相对生产率就是用来衡量产值结构与劳动力结构之间的一种不对称状态的指标，反应的是产值结构与劳动力结构的相对变动关系。总之，相对生产率与生产率有着本质的区别，两者不能混为一谈。

第二节 研究背景和意义

一、研究背景和问题的提出

问题一：在经济服务化日趋明显的背景下，发达国家三次产业以及服务业内部行业相对生产率会呈现怎样的变化趋势？

20世纪60年代以来，随着经济发展及科学技术的进步，美国、英国、德国、法国等西方发达国家的产业结构发生重大变化，服务业得到迅猛发展，其产值比重和就业比重不断上升，并逐渐成为国民经济中的第一大产业。发达国家服务业的产值比重一般高达70%以上，就业比重高达75%以上，美国服务业的产值比重达到80%左右，就业比重更是高达90%以上，经济服务化的态势十分明显。随着发达国家从工业化经济向服务化经济的转型，一方面，三次产业的产值结构和劳动力在三次产业中就业构成相继发生明显变化，会引起三次产业之间相对生产率发生变动；另一方面，服务业是一个异质性很强的部门，涵盖范围广，包容行业多，其中许多行业在行业性质、功能、生产技术和与经济发展的关系等方面都存在很大的差异。服务业内部既包括传统的劳动密集型部门，也包括新兴的资本、技术密集型部门；既有通过市场化方式提供产品的部门，也有通过非营利机构、政府等非市场化方式提供产品的部门；既有受生产的特质和个性约束而导致的技术型停滞部门，也有现代信息技术应用空间非常广泛的技术型进步部门。在服务业保持迅速增长的同时，其内部不同部门的产值结构和就业结构的变动趋势、发展规律存在较大的差异，这种差异也会引起服务业内部不同行业之间相对生产率的变化。

因此，在经济服务化日趋明显的背景下，探索发达国家三次产业以及服务业内部不同行业的相对生产率并分析其变化趋势，这是本书要回答的第一个问题。

问题二：处于工业化进程中的发展中国家，三次产业以及服务业内部行业的相对生产率又会出现什么变化？

当西方发达国家相继进入以服务业为主的服务经济时代，马来西亚、印度尼西亚、泰国等发展中国家才开始进入以工业为主的工业经济发展阶段。在这一阶段，发展中国家通过对外开放，引入外资，承接国际产业转移，大力发展工业。由于所处的经济发展阶段不同，发展中国家三次产业的产值结构与就业结构与西方发达国家相比存在较为明显的差异，导致三次产业相对生产率上的不同变化。而且，由于发展中国家的主导产业是工业，服务业相对处于次要的发展地位上，因此服务业内部结构也与发达国家存在差异，导致两者服务业内部行业相对生差率变化的不同。进一步探索处于工业化进程中的发展中国家三次产业以及服务业内部不同行业相对生产率的变化趋势是本书要回答的第二个问题。

问题三：处于经济转型时期的中国，三次产业以及第三产业内部行业相对生产率的变化趋势又会如何？

中国是一个发展中国家，尽管与大多数发展中国家一样处于工业化深入发展的阶段，但国情和体制的不同，使得产业结构、第三产业内部结构、三次产业和第三产业内部行业相对生产率的变动不同。当前中国正处于从计划经济体制向市场经济体制转变的过程之中，同时，作为一个人口众多、劳动力资源丰富的国家，产业结构的转型升级以及劳动力的就业问题十分艰巨。探索处于转型之中的中国三次产业以及第三产业内部行业相对生产率的变化趋势，并与发达国家、其他发展中国家对比分析，对于进一步指导我国第三产业的发展具有十分重要的现实意义。这也是本书要回答的第三个问题。

问题四：影响我国第三产业结构效益的因素有哪些？这些影响因素对第三产业结构效益会产生何种影响？

产业相对生产率和产业结构偏离度都是衡量产业结构效益的指标。在现实经济构成中，人们一般把国民经济分为农业、工业和服务业三个大部门，由于社会分工及技术在不同产业的应用程度会引起三个部门的生产率可能出现差异，进而导致不同产业的就业者相对收入的差异，因此会造成国民经济的产值结构与就业结构不均衡（或出现偏差），即某一产业的产出占 GDP 的比重与该产业的就业人数占总就业人数的比重不相等。产业结构偏离度和产业相对生产率就是用来度量这种不相等（或偏差）的工具。改革开放以来，我国三次产业结构偏离度的变化趋势如何？第三产业结构效益的影响因素有哪些？这些影响因素会对第三产业的结构效益产生何种关系的影响？这些都是本书拟解决的第四个问题。

二、研究的理论意义和实践意义

（一）理论意义

20 世纪 60 年代以来，随着世界经济加快从工业化经济向服务化经济转变，服务业在国民经济中的比重不断提高，对经济的影响和作用越来越大，已成为现代社会中具有重要战略地位的产业部门。以 2009 年为例，高收入国家的服务业增加值占 GDP 的比重为 72.7%，如日本是 76.5%，英国是 75%；中等收入国家的这一比重为 59.3%，如韩国是 67.7%，波兰是 67.3%；低收入国家的服务业比重也达到 46.9%，如菲律宾是 55.1%，津巴布韦是 56.9%。从世界范围来看，服务业占各国 GDP 比重的平均水平从 1971 年的 52.8% 上升到 2009 年的 69.4%，大幅增长 16.6 个百分点，经济服务化（servization）的发展态势明显。服务业生产率问题一直是经济学家研究的热点，然而对相对生产率问题的研究却鲜有学者关注。从笔者掌握的文献看，国内外学者仅仅粗略比较了工业化时期部分国家三次产业相对生产率变动的特点，并未对三大产业的相对生产率问题进行系统、全面研究，更未涉及服务业内部不同行业的相对生产率及其影响因素等相关问题的研究。

本书拟通过比较发达国家、发展中国家以及中国三次产业相对生产率的变化，发达国家、发展中国家以及中国服务业内部不同行业的相对生产率的变化，揭示相对生产率变动的一般趋势，并对影响中国第三产业结构效益的若干因素进行分析。本书的研究，不但试图完善相关理论体系，而且丰富有关产业结构、服务经济等理论内容，因此具有重大理论意义。

（二）实践意义

改革开放以来，我国第三产业经历了由缓慢到快速发展的过程，第三产业在国民经济中的地位与作用不断提高。2016 年我国第三产业增加值占 GDP 的比重为 51.6%，超过第二产业占比（39.8%）和第一产业占比（8.6%）之和。2015 年我国第三产业就业比重为 42.4%，超过第一产业（28.3%）和第二产业（29.2%），成为三次产业中吸纳就业的绝对主力，第三产业已发展成为我国国民经济重要的支柱产业。目前，我国第三产业以稍高于 GDP 的速度增长，我们对第三产业的发展要求应逐步从量的扩张向质的增进转变，即要通过合理优化第三产业内部行业来促进第三产业的结构升级。

综观国内，关注我国第三产业与经济增长、第三产业内部结构、就业、服务贸易等文献很多，但鲜有研究我国产业结构偏差及第三产业相对生产率的论文。自 1992 年中共中央、国务院颁布《关于加快发展第三产业的决定》以来，加快第三产业发展，不断提高第三产业在国民经济中的地位和作用已成为我国政府经济决策的重要导向之一。优化服务业发展结构、调整服务业发展布局、推进服务领域改革、提高服务业对外开放水平；促进经济增长由主要依靠第二产业带动向依靠第一、第二、第三产业协同带动转变，发展现代服务业，提高服务业比重和水平。加快转变经济发展方式，使经济发展更多依靠内需特别是消费需求拉动，更多依靠现代服务业和战略性新兴产业带动，加快传统产业转型升级，推动服务业特别是现代服务业发展壮大。把推动服务业大发展作为产业结构优化升级的战略重点，营造有利于服务业发展的政策和体制环境，拓展新领域，发展新业态，培育新热点，推进服务业规模化、品牌化、网络化经营，不断提高服务业比重和水平。这已成为我国经济发展的重大战略决策。

尽管改革开放以来我国第三产业得到了较快发展，第三产业增加值比重和就业比重稳定上升，但我国第三产业发展还是面临着诸多问题和困难。在经济转型时期，我国三次产业结构及相对生产率的变化趋势如何？与国外发达国家以及与我国同处于工业化时期的亚洲发展中国家服务业相对生产率的变化又有什么差异？我国第三产业内部结构的变化会对相对生产率产生何种影响？与发达国家以及发展中国家服务业内部行业相对生产率的变化有何差异？影响我国第三产业结构效益的因素有哪些？这些因素对结构效益会产生何种影响？诸如此类的问题如果得不到较好的认识和解决，必将影响到我国第三产业的健康发展。本书试图在这些问题上进行更深入的理论和实证研究，希望对指导我国第三产业发展具有一定的借鉴意义。

三、研究的创新性

第一，研究选题新。目前还较少有学者对产业结构变动与相对生产率的变化趋势进行过系统研究，深入服务业内部结构进行行业相对生产率的研究则更少。本研究较早地对此进行理论和实证方面的探索。

第二，借助丰富的国内外数据，通过实证分析，发现国内外三次产业相对生产率不同程度向1趋近，工业、服务业表现尤为明显。服务业相对生产率变动最为稳定，工业次之，农业变动最大。与发达国家相比，发展中国家和中国的农业相对生产率明显偏低，工业、服务业偏高，特别是工业显著偏高。

第三，在服务业内部，无论是发达国家还是发展中国家，生产服务业相对生产率的值较大，传统服务业相对生产率的值较小，非营利性服务部门相对生产率的值也偏低。

第四，发展中国家和中国第三产业内部行业相对生产率的值普遍高于发达国家服务业的内部行业，而且其变动也相对剧烈。

第三节 研究思路和研究方法

本书的研究过程：基于对相对生产率变动的机理的理论推导，借助数据分析，依次揭示发达国家、发展中国家和中国三次产业和第三产业内部不同行业的相对生产率变动趋势，对中国第三产业结构效益影响因素作回归分析，分析中国第三产业相对生产率存在的问题，提出政策建议。

本书综合产业经济学、第三产业经济学和产业结构相关理论，采用规范分析与实证分析相结合、定性分析与定量分析相结合，以及国内外比较研究的方法，对服务业相对生产率的相关理论问题进行全面的剖析。

第四节 研究内容和结构安排

本书共分为8章，其结构安排如图1-1所示。

第一章，导论。界定概念，扼要说明本书的研究背景、研究方法、研究内容、创新之处和相关问题。

第二章，产业结构演进中的相对生产率。从国外、国内两个方面对产业结构变动和相对生产率的文献进行系统归纳、梳理，归纳以往研究的主要内容、研究意义和不足。

第三章，相对生产率变动的机理分析。从定性方面探讨产业相对生产率变动的机理。相对生产率发生变化的原因主要是受产业结构变动的影响，分析影响产出和劳动力就业结构的各种因素如何影响相对生产率发生变动。

第四章，发达国家服务业相对生产率的实证研究。利用多种数理统计方法，分析：美国工业化时期、后工业化时期三次产业相对生产率的变动趋势，美国1979～2004年服务业内部行业相对生产率的变化趋势，英国、法国、德国等西方八国1979～2003年三次产业以及服务业内部行业相对生产率的变动趋势，揭示发达国家服务业及其内部行业相对生产率变化的一般趋势。

第五章，发展中国家服务业相对生产率的实证研究。利用多种数理统计方法，全面分析印度、马来西亚等发展中国家1970～2005年三次产业以及服务业内部行业相对生产率的变化趋势，揭示发展中国家服务业及其内部行业的相对生产率变化的一般趋势。

第六章，中国第三产业相对生产率的实证研究。分析中华人民共和国成立以来三次产业相对生产率的变动趋势，并与国外三次产业相对生产率的变化趋势作比较，分析 1991～2003 年我国第三产业内部行业的相对生产率的变动趋势。通过计量经济模型，对影响我国产业结构效益和第三产业结构效益的因素进行回归分析，提出提高产业结构效益和第三产业结构效益的政策建议。

第七章，中国第三产业相对生产率存在的问题与政策建议。在第六章研究的基础上，进一步分析我国第三产业及内部行业相对生产率存在的主要问题，并从国家宏观层面和企业微观层面出发，提出解决问题的相关政策建议。

第八章，结论与展望。对全书的研究进行归纳和总结，归纳研究的启示和贡献，指出不足之处和下一步研究的方向。

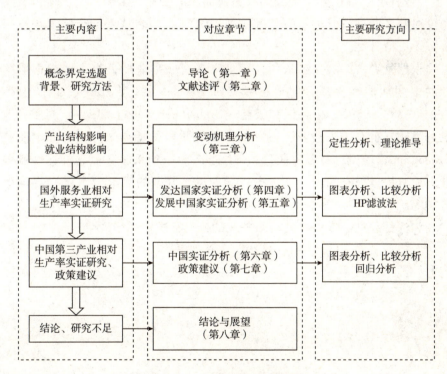

图 1-1 本书的逻辑框与构架

第五节　相关问题的说明

要对服务业内部不同行业相对生产率的变化趋势作进一步的分析，必然要涉及服务业的分类。服务业是一个异质性很强的行业，[1] 涵盖范围广，包容行业多，其中许多行业在产业性质、功能、生产技术和与经济发展的关系等方面都存在很大的差异，加上不同的服务经济理论学家对服务业理论观点上的认识差异都会造成不同的分类标准，因此，试图对服务这个包罗万象、错综复杂的产业进行科学的分类是一件十分不易的事情，而且也导致服务业分类呈现多样化趋势。诚如布莱逊和达尼尔所指出的那样，有多少服务理论研究者就有多少服务业的分类方法。例如，"后工业社会"理论学派强调对服务业需求的变化，因而着重从需求性质角度对服务业进行分类；而"新工业主义"者则多从供给或技术角度对服务业进行分类。

根据笔者掌握的文献资料，国外学者对服务业的分类主要根据服务业的不同功能和性质，如辛格曼（Singlemann，1978）和艾弗林（Elf-ring，1988、1989），格鲁伯和沃克（Grubel and Walker，1989）对服务业的分类法。也有按服务业在不同经济发展阶段的特点来分类，如卡图赞（Katouzian，1970）将服务业分为传统服务业、新兴服务业和补充性服务业。还有根据服务的供给（生产）导向型、服务的需求（市场）导向型分类等。

为清楚起见，本节首先对服务业的分类标准做详细说明。

---

[1] 服务业较强异质性特征使关于服务业的定义至今无权威的一致意见，以至于服务业的定义基本上还是使用"剩余法"——除农业、工业之外的所有经济活动都归属服务业。也正因如此，我们更有必要对服务业内部行业进行进一步的划分归类，以便更好研究服务业的内部各行业。

一、关于服务业分类的说明

（一）产业分类体系中的服务业分类

1. 联合国的国际标准产业分类

联合国于 1958 年首次制定了国际标准产业分类（ISIC），随后的 1968 年对此标准进行了修正，但仍保留 1958 年的基本框架，即 ISIC – Rev. 2 版。1990 年又在 1968 年的基础上再一次做了较大修正，即第三版《经济活动的标准产业分类》（United Nations，1990）。联合国 1968 年、1990 年的标准产业分类见表 1 – 1 和表 1 – 2。

表 1 – 1　　国际标准产业分类（ISIC，1968）对服务业的具体分类

编号	大类	编号小类	备　注
6	批发零售贸易与旅馆酒店	61 批发贸易	指商品售给非最终消费者，资本品的租赁属经营服务
		62 零售贸易	指任何形式的将商品售给最终消费者的服务，包括消费品的租赁
		63 旅馆酒店	指饮食业、旅馆业
7	运输仓储与通讯	71 运输与仓储	指任何形式的运输、仓储服务，包括出租车服务
		72 通讯	指任何形式的信息传送服务，但不包括广播与电视（属于娱乐业）
8	金融保险、房地产和商务服务	81 金融机构	指任何金融机构的任何金融服务
		82 保险业	所有保险服务
		83 房地产与商务服务	商务服务包括法律、会计、信息处理、工程、建筑和技术服务、广告以及资本品出租，但不包括科学研究

续表

编号	大类	编号小类	备 注
9	社会社团与个人服务	91 公共行政与国防	指政府行政和国防服务
		92 卫生及相关服务	指公共卫生服务
		93 社会与相关社团服务	包括教育、科研、医疗卫生、福利、宗教、劳工联合会等各种社会团体
		94 娱乐与文化服务	指与各种娱乐产品有关的生产、流通活动；包括电影、电视、广播、戏剧、图书馆、博物馆等
		95 个人与家庭服务	指各种个人和家庭服务，包括各种修理服务、洗衣
		96 国际及跨国组织	服务、各种用人服务、理发美容、照相摄影等

资料来源：United Nations：*International Standard Industrial Classification*，New York，2000.

表 1-2　　　国际标准产业分类（ISIC，1990）对服务业的具体分类

编号	大 类	编号小类	备 注
G	批发零售贸易；机动车摩托车及个人家庭用品修理	50 机动车摩托车的销售、维修；汽车燃料零售	
		51 批发贸易（不含机动车摩托车）	
		52 零售贸易（不含机动车摩托车）；个人家庭用品修理	
H	旅馆和酒店业	55 旅馆酒店	
I	运输仓储和通讯	60 陆地与管道运输	
		61 水路运输	
		62 航空运输	
		63 交通附属；旅游机构（不含酒店）	
		64 邮政与电信	

续表

编号	大类	编号小类	备注
J	金融中介	65 金融中介（不含保险与养老组织）	
		66 保险与养老组织	
		67 金融中介附属	
K	房地产、租赁及商务活动	70 房地产	
		71 机器设备与家庭个人用品租赁	
		72 计算机和相关活动	
		73 研究与发展	
		74 其他商务活动	74 包括法律、会计、咨询、工程、建筑和技术服务、广告等
L	公共管理和国防；社会保障	75 公共行政与国防；社会保障	
M	教育	80 教育	
N	卫生和社会工作	85 卫生和社会工作	
O	其他社会社团与个人服务	90 污水垃圾处理	
		91 社会团体	
		92 娱乐文化体育	
		93 其他服务	93 包括洗衣、美容美发、燃料及相关服务等
P	家庭雇佣服务	95 家庭雇佣服务	
Q	跨国组织团体	99 跨国组织团体	

资料来源：United Nations：*International Standard Industrial Classification*，New York，2000.

与 ISIC - Rev. 2 对比，可以发现 ISIC - Rev. 3 的结构发生了重大变化：一是大量增加了服务业的一类产业，使服务业的一类产业由原来的 4 个增加到 11 个。二是原 ISIC - Rev. 2 属于小类在 ISIC - Rev. 3 均成为大类，如旅馆酒店、房地产与商务服务、公共行政国防与社会保障、家庭雇佣服务等；原属小类"社会与相关社团服务"中的子类"教育""医疗"现均成为 ISIC – Rev. 3 的大类。这种变化反映出此类产业随着经济社会进步日益显现其在经济活动中重要性的增强，原来对服务业的归类已不能适应现代服务业的迅猛发展。联合国的这个分类法仍然是以功能为主进行分类，同时也考虑了技术上的一致性，因此具有较大的权威性。

2. 北美产业分类体系 (NAICS)

北美产业分类体系是由美国、加拿大、墨西哥于 1967 年制定的一种新的产业分类法，反映了 20 世纪 80 年代以来服务经济理论的一些最新研究成果。新的分类法完全从服务的生产或供给角度依据生产技术来进行分类，消除了旧分类法存在一些概念混淆的问题；新的分类法还充分反映了技术变革与分工在发达国家和信息化时代加深的背景下对服务业产生的影响。与联合国的标注产业分类体系相比，尽管存在一定程度的对应关系，但亦存在明显区别。如在北美产业分类体系中将所有资讯传播业归为信息业，将"经营服务"中的"专业化服务、研发服务和技术服务""企业管理服务"从三级分类一下提升为一级产业部门，反映了这些产业部门近年来的飞速发展和在国民经济中地位的日益重要；将旅馆和酒店业归入一个新的部门"居住和食品服务"见表 1 – 3，这反映了分类的生产导向原则；新的分类体系还专门设置了废物处理的产业部门，反映了社会环境意识的增强。不过需要说明的一点是，由于我国企业办社会的现象十分突出，北美产业分类体系会进一步在统计上拉大我国服务业与美国服务业相比的差距。

表 1 – 3　北美产业分类体系与国际标准产业分类对服务业的具体分类对比

NAICS（1997）	ISIC（1990）
公用设施	运输仓储与通讯
交通、仓储业	
批发贸易	批发零售贸易
零售贸易	
居住和食品服务	旅馆和酒店业
金融与保险	金融中介

续表

NAICS（1997）	ISIC（1990）
房地产及其租赁	房地产、租赁及商务活动
信息业	
专业、科学和技术服务	
教育	教育
医疗及相关服务	卫生和社会工作
行政管理、废物处理和修理服务	其他社会团体与个人服务
艺术与娱乐	
其他服务	
公共行政（政府）	公共管理和国防
企业管理	

资料来源：美国国家统计局，http：//www.census.gov/eped/www/naicsect.html。

3. 中国的产业分类体系对于第三产业的具体分类

中国的国家统计局对第三产业做过明确的界定，但对服务业并没有做过正式定义。国家统计局于 20 世纪 90 年代初公布第三产业分类行业的统计数据。90 年代至 2003 年之前，中国将第三产业分为十二大类：农林牧渔服务业；地质勘查业与水利管理业；交通运输仓储与邮电通信业；批发零售贸易与餐饮业；金融、保险业；房地产业；社会服务业；卫生体育与社会福利业；教育、文化艺术和广播电影电视业；科学研究与综合技术服务业；国家机关、政党机关与社会团体；其他。2003年 5 月，国家统计局公布了新的《三次产业划分界定》，按《国民经济行业分类》（GB/T4754 - 2002）的标准将第三产业分为十五大类：交通运输、仓储和邮政业；信息传输、计算机服务与软件业；批发和零售业；住宿和餐饮业；金融业；房地产业；租赁和商务服务业；科学研究、技术服务和地质勘查业；水利、环境和公共设施管理业；居民服务和其他服务业；教育；卫生、社会保障和社会福利业；文化、体育和娱乐业；公共管理和社会组织；国际组织。新的分类法更加注意按照不同服务业属性进行分类，分类更为细致、合理，并且考虑到了近年来服务业出现的新兴业态，全面概括了我国第三产业的所有行业。如农林牧渔服务业直接划归第一产业，地质勘查并入科学研究和综合技术服务业，组成新的行业，水利管理业与环境、公共设施管理业归为一类。而且，对于现在发达国家中处于主导地位而在我国还是新兴但极具发展潜力的信息传输、计算机服务与软件业，租赁、商务服务业给予高度重视，对这两类服务进行单列（两类服务业中多数行业归属于原先的社会服务业），这种调整顺应了今后我国第三产业发展的趋势和方向。另外，为了与国际产业分类体系接轨，将原来的"国家机关、政党机关和社会团体"改为"公共管理和社会组织"，增加"国际组织"这一大类。新的第三产业内部行业分类的统计数据在 2004 年的中国统计年鉴中得到体现。

（二）服务业内部行业的归类

1. 按服务活动的不同功能与性质对服务业内部行业的归类

辛格曼（1978）、艾弗林（1988、1989）以服务的经济功能、服务的主要使用对象（企业或私人）、服务的主要提供方式（市场化或非市场化）为衡量基准，使用一种四类分类法将服务业分成流通服务业、生产服务业、社会服务业以及个人服务业四大部门，内部所包含的具体的行业如表 1-4 所示。这一分类方法能够体现经济发展过程中服务业内部结构的变动趋势，即服务业内部结构是由它们不同性质所决定。

表 1-4 辛格曼、艾弗林对服务业内部部门的划分

部门划分	定义	主要部门
生产服务业	为进一步生产提供中间投入的部门，主要销售对象是企业。一般具有较高信息含量，其发展反映出可以自我提供的支持性服务的外包趋势	金融、保险、房地产、各种专业性服务、租赁及商务服务业
流通服务业	移动商品、信息、人的部门，其中一部分本身就属于最终消费（如度假旅行），而大多是为最终消费（如零售业）或生产（如商品运输）服务的	零售贸易、批发贸易、交通、仓储业、通信业

续表

部门划分	定义	主要部门
个人服务业	为家庭最终消费提供服务的部门,它依赖于消费者与生产者之间的直接接触。自我服务往往是市场购买的重要替代品	住宿餐饮业、休闲娱乐业、家庭服务及其他个人服务业
社会服务业	为家庭最终消费提供服务的部门,具有公众集资、集体消费的特点,在大多数国家具有非市场特征	公共管理服务业、医疗和保健业、教育业及其他社会服务业

资料来源:OECD. Employment in the Service Economy:A Reassment [R]. http://www.oecd.org, 2000.

后来西方学者在辛格曼、艾弗林分类法的基础上进一步完善和改进,将流通服务业和个人服务业改为分配性服务业和消费性服务业,提出了生产者服务业、分配性服务业、消费性服务业和社会性服务业四分法,其内容大体与辛格曼等人的分类法相同,但对主要部门的行业分类更为简化。这种分类法与国际上较为通行的产业分类,如国际标准产业分类(ISIC)、北美产业分类(NAICS)相兼容而且易于进行数据收集,因而更具有可操作性。从实践发展来看,这种分类方法在世界范围内得到了比较广泛的应用。

格鲁伯和沃克(1989)将服务业归为三类:消费者服务、生产者服务和政府服务。消费者服务是指用于最终消费支出的消耗性服务,如餐饮、娱乐、个人及家庭服务等。生产者服务,亦称作中间投入服务,它不是被消费者所购买或被政府提供的服务,而是包括会计、金融、广告、保安、仓储等内容专业服务、企业服务。政府服务是指发生在公共教育、医疗、福利、国防、司法及其他政府系统的消耗性服务。此种归类方法按服务的不同性质和功能将整个服务业归成三类,思路较为清晰,具有一定的借鉴意义,但也存在一定问题,如商贸等服务将其完全归为消费者服务或完全归为生产者服务,都不合适,如对其按照批发贸易、零售贸易进行具体拆分、分别归类,又往往因统计数据欠缺的缘故难以如愿。此外这种划分方法并不能区分开具有集体消费性质的服务(如教育、医疗)和具有私人消费性质的服务(如餐饮)。格鲁伯和沃克的归类法因难以收集到准确的数据使得其应用范围十分有限。

2. 按服务业在不同经济发展阶段的特点对服务业内部行业的归类

卡图兹（1970）依据罗斯托的经济发展五个阶段理论，按照服务业在不同经济发展阶段的特点将服务业划分为传统服务业、新兴服务业和补充性服务业。传统服务业是指工业化之前就广泛存在，其重要性及对经济增长的贡献伴随着工业化进程深入而降低，这类服务业大都属劳动密集型，主要指家庭与个人服务。新兴服务业一般出现在工业化后期，是指工业产品大规模消费阶段以后出现的加速增长的服务业，在此之前，它们只是一种"奢侈性"消费。随着人们收入水平的提高，此类服务消费逐步由精英阶层垄断消费逐步转向大众化消费，包括现代教育、医疗服务、休闲娱乐业等。补充性服务业与生产的迂回化进程密切相关，表现在这类服务业发展与伴随工业化进程深化而产生的中间需求的增长关联性很强，发展动力来自于工业生产，主要为工业生产和工业文明"服务"，包括金融、交通、通讯和商业等。卡图兹的划分方法试图尝试去揭示服务业发展与社会变革之间的关系，但显然已不能解释目前服务业发展的现实。一个典型的例子是他所定义的补充性服务业在西方发达国家中主要为服务业生产提供服务，而并非为制造业提供服务。此外，传统、新兴只是相对的概念，并不具有绝对性。这种分类方法无法收集到精确的数据进行实证分析。

3. 中国对第三产业内部行业的归类

中国的国家统计局在 1985 年将第三产业内部行业划分为四个层次：

第一层次，流通部门。包括交通运输业、邮电通信业、商业饮食业、物资供销和仓储业。

第二层次，为生产和生活服务部门。包括金融保险业、地质普查业、房地产业、公用事业、居民服务业、旅游业、咨询信息服务业和各类技术服务业等。

第三层次，为提高科学文化水平和居民素质服务的部门。包括教育、文化、广播电影电视业，科学研究事业，卫生、体育和社会福利事业等。

第四层次，为社会公共需要服务的部门。包括国家机关、政党机关、社会团体，以及军队和警察等。

李江帆（1990）是国内最早对第三产业内部行业进行分类的学者。

他依据服务产品的不同使用价值将服务产品归并为两大类：满足生活需要的服务和满足生产需要的服务，前者称为服务形式的消费资料或服务消费品，后者称为服务形式的生产资料或生产服务。因此，相应地服务业归并为两大类：生活服务业与生产服务业。

李江帆的两大部类分类法在国内首次将服务产品纳入社会总产品范畴，从而引进再生产理论，丰富了马克思两大部类理论，[①] 具有抽象程度高，便于做理论分析的特点，在国内学术界产生了重要影响。

闫小培（1999）依据西方学者辛格曼的服务业分类，并综合了其他学者的研究成果，将服务业分为生产性服务业、分配性服务业、消费性服务业和社会性服务业。根据其分类标准，生产性服务业又称为"中间投入服务业"，是指主要为生产、商务活动和政府管理提供服务业的部门，而不直接向个体提供最终服务。服务的对象主要是生产企业、政府和事业单位等，体现了中间投入性质，服务提供者往往是企业。一般来说这类行业大都是信息、知识和技术密集型产业。分配性服务业是指为商品流通和增加能源利用提供辅助性服务的部门，主要包括为第一、第二产业与最终消费者之间提供联系的活动，特征是为商品流通提供服务。消费性服务业是指直接为个体消费者提供最终消费服务部门，提供最终消费服务是其显著特征。社会性服务业是指为整体社会群体提供各类公共性质服务的部门与机构，其提供主体为政府或非营利性组织，具有一定的政治色彩，目的不是以盈利为主，而是以社会福利为主。

黄少军（2000）在参照辛格曼等人分类的基础上，把服务业分为经济网络型服务、最终需求型服务、生产者服务和交易成本型服务四类（见表1－5）。经济网络型服务业包括物质网络、资本网络和信息网络服务业，如交通运输业、通信业和银行业等；最终需求型服务既包括为个人提供服务的行业，如家庭服务业、旅馆饮食业和娱乐休闲服务业等，也包括为社会提供服务的行业，如教育服务、卫生医疗服务和社会保障

---

① 19世纪中叶，马克思在撰写《资本论》时，囿于当时主要资本主义国家的第三产业，无论是在就业人数还是在国民生产总值中都占较小的比重，加之资本主义关系在这些部门还不很发展，为了在纯粹的形态下对研究对象进行考察，避免次要情况的干扰，马克思在社会生产两大部类的分析中，舍弃了第三产业及其服务业产品问题（参见李江帆：《第三产业经济学》，广东人民出版社1990年版）

服务等；生产者服务业主要包括研发设计、信息处理等服务行业；交易成本型服务主要包括为政府提供服务和为企业提供服务，如会计、管理咨询、法律服务等。

表 1-5 　　　　　　　　　　黄少军的服务业归类方法

经济网络型服务	物质网络	交通仓储　批发零售　广告业
	资本网络	银行、保险、信托等
	信息网络	通信业、出版业
最终需求型服务	个人服务	家庭服务　娱乐休闲　旅馆饮食　其他个人服务　房地产
	社会服务	医疗保健　教育　福利　宗教　邮政　其他专业化服务
生产者服务	工程和建筑服务业、RD、设计、信息处理等其他经营服务	
交易成本型服务	政府服务	
	企业服务　会计、法律服务、管理服务	

资料来源：黄少军：《服务业与经济增长》，经济科学出版社 2000 年版，第 153 页。

　　黄少军的服务业归类法虽具有一定创新，但不科学，逻辑上也说不通，如有生产者服务而无消费者服务；子项交叉，子项之和不等于母项。而且其服务业的分类存在一个以上的归类标准，造成某些服务行业可以归属两个不同的分类，如企业服务既可属于交易成本服务也可属于生产者服务。黄少军的归类法在现实中应用很少。

　　上述服务业或第三产业归类方法在归类标准上都具有一定参考价值，但由于第三产业分支行业繁多、内容复杂，而且随着经济发展和科技进步，社会分工越来越精细化，导致新兴服务业的不断涌现，给服务业的归类带来很大不确定性。加上世界各国的经济发展水平存在明显差异，每种归类方法所依据的标准又不一样，因此形成了形形色色的归类方法，迄今为止尚没有适用于世界各国的统一、权威的服务业归类体系。大多数归类方法都存在一定程度的缺陷，而且通常是粗线条的。

　　李江帆（2018）总结了学界对生产服务业的分类，指出，生产服务业有三个口径：一是"现实生产服务业"。在现实经济生活中，同一种服务产品既可用作生产资料，也可用作生活资料，为简便起见，在学术研究中，把中间需求率大于一半的服务业粗略地视为生产服务业，这就是现实生产服务业。二是"纯粹生产服务业"，即纯粹提供服务形式生产要素的服务业，按投入产出表求得中间需求率，可以把一个特定的服务业分为提供服务形式生活资料的部分和提供服务形式的生产资料部分，剔除提供服务形式生活资料因素的剩余部分。三是"指定生产服务业"。这是按指定口径划定的生产服务业，不是以中间需求率为划分依据的。国家统计局划分的"生产性服务业"是指定生产服务业，它使用的是生产服务业的窄口径，即是面向工农业的生产服务业，忽略了面向服务业的生产服务业。[①]

二、其他相关问题的说明

第一，为与国外和国内对三次产业的统计口径保持一致，本书在分析国外数据时，将三次产业分别称为农业、工业和服务业；在分析中国有关数据时，将三次产业分别称之为第一产业、第二产业和第三产业。其划分范围和所包含的行业基本相同，只是名称不同罢了。

第二，国外数据如无特别说明，均来自荷兰格罗宁根大学增长和发展研究中心（GGDC）产业数据库。该研究中心在欧洲委员会的资助下于2003 年与英国国家经济和社会研究院（NIESR）联合推出了 OECD 国家产业数据库，对 OECD 国家及中国台湾地区按《国际标准产业分类第 3版》（ISIC REV3）划分的 56 个细分产业进行了归类。而对印度、印度尼西亚等发展中国家按 ISIC REV2 划分的 10 个产业进行了归类。这一数据库使得各国间的综合产业发展对比更为方便。2004 年、2005 年这一数据库分别得到了两次修正。

第三，中国数据均来自中国国家统计局公布的数据。中国第三产业内部行业的数据来源于国家统计局并根据第三产业的四个层次归类整理。

第四，美国服务业内部行业的数据、西方发达国家八国服务业内部行业的数据来源于 GGDC 产业数据库并根据辛格曼的四分法归类整理。发展中国家五国服务业内部行业的数据来源于 GGDC 产业数据库并根据

---

① 李江帆主编：《加快发展我国生产服务业研究》，经济科学出版社 2018 年版。

ISIC REV2 分类法归类整理。

第五，为对服务业相对生产率问题进行全面、系统的研究，本书涉及农业、工业的产值结构、就业结构变化及其相对生产率的变化，以及服务业内部行业增加值比重、就业比重的分析。但研究重点是服务业的相对生产率问题。

第二章

产业结构演进中的相对生产率

第一节 国外研究进展与现状

一、产业结构演进理论的研究

产业结构理论研究的渊源可以追溯到 17 世纪英国古典政治经济学家威廉·配第（W. Petty）和 19 世纪法国重农学派代表魁奈（F. Quesnay）。威廉·配第在《政治算术》中对从事工业、农业和商业人员的工资状况的比较，发现制造业比农业，进而商业比制造业能够得到更多的收入，他实际上意识到，这种产业之间相对的"收入差"推动劳动力从较低收入的产业向更高收入的产业转移：随着经济社会的发展，从事农业的人数较之从事工业的人数将趋于相对下降，而从事工业的人数又较之从事服务业的人数相对减少。在他看来，不同产业间收入水平的差异是不同产业之间劳动力转移的动因。其后果是盈余收益增多，消费水平提高，各项经费的节省。[①]

魁奈从结构方面开了研究国民经济活动的先河。他在《经济表》（1857）中首次把各阶级的收入来源、资本和收入的交换、生产消费和个人消费统一起来分析，把农业和工业之间的流通看作是再生产过程的基本要素，从而为国民经济结构及产业结构的分析打下了初步的基础。

---

① 李江帆：《第三产业经济学》，广东人民出版社 1990 年版，第 54 页。

英国经济学家费希尔（A. G. Fisher，1935）在其《安全与进步的冲突》一书中首次提出了三次产业的划分法。费希尔认为第一产业和第二产业并不能穷尽全部的经济活动，他把除了第一产业和第二产业的所有其他经济活动，统称为"第三产业"，为国民经济三次产业分类法的奠定了分类基础。他在探讨产业结构与经济发展的关系时指出：人类的生产活动要依次经历三个发展阶段，初级生产阶段主要以农业和畜牧业为主，第二阶段以工业生产大规模地迅速发展为标志，第三阶段始于20世纪初，大量的劳动和资本开始流入旅游、娱乐服务、文化艺术、保健、教育和科学、政府等活动中。处于初级阶段生产的产业是第一产业，处于第二阶段生产的产业是第二产业，处于第三阶段生产的产业就是第三产业。[①] 费希尔对国民经济三次产业的分类法为以后研究产业结构的学者所广泛使用。

克拉克（Colin Clark，1940）在继承费希尔研究成果的基础上，以三次产业分类法为基本框架，采用劳动力这一指标考察经济发展进程中劳动力在各产业中的分布状况的变化，指出，随着收入水平的提高，劳动力首先由第一产业向第二产业转移，再向第三产业转移。[②] 克拉克开辟了产业结构理论这一应用经济理论领域，明确区分了国民经济三次产业构成，使三次产业分类法成为国际通用的国民经济结构分析和统计方法。

库兹涅茨（Simon Kuznets，1966、1971）着重研究了现代经济增长过程中的结构转变。他依据发达资本主义国家的历年资料，以及某个时点按人口平均国民生产总值高低不同的发展中国家与发达国家截面材料的分析比较，得出发达国家在进入现代经济增长阶段以后，产业结构会出现新的变化：（1）农业部门实现的国民收入，随着时间的推移，在整个国民收入中的比重同农业劳动力在社会劳动总人数中的比重一样均处于不断下降之中。（2）工业部门国民收入占总体国民收入的比重大体上是上升的，工业劳动力在社会劳动总人数的比重却变化不大，有的只是略微上升的。（3）服务部门所实现的国民收入与其劳动力占社会劳动总人数的比重都呈现上升趋势。（4）服务业是缓解就业问题、吸收劳动力

---

① 李江帆：《第三产业经济学》，广东人民出版社1990年版，第45页。
② 李江帆：《第三产业经济学》，广东人民出版社1990年版，第54页。

的绝佳部门。

库兹涅茨侧重于从三次产业占国民收入的比重变化的角度论证了产业结构演变规律：在工业化起点，第一产业占国民收入的比重较高，第二产业比重较低。随着工业化进程的推进，第一产业占国民收入的比重持续下降，第二和第三产业比重都相应有所提高，且第二产业比重上升幅度大于第三产业比重上升幅度，第一产业在产业结构中的优势地位被第二产业所取代。当第一产业占国民收入的比重降低到20%以下时，第二产业比重高于第三产业，这时工业化进入中期阶段；当第一产业占国民经济的比重再降低到10%左右时，第二产业比重上升到最高水平，这时工业化进入到后期阶段，此后第二产业占国民收入的比重转为相对稳定或有所下降。在整个工业化进程中，工业在国民经济中的比重将经历一个由上升到下降的倒U形变化。

库兹涅茨认为现代经济增长最显著的特征是发达国家人口增长速度低于按人口平均的产值增速，而人均产值增速又低于生产总值的增速。他所提到的现代经济增长过程实际上就是工业化过程，在经济增长过程中以一国产业的产值结构迅速变动以及作为后果的劳动力就业比重迅速变化为特征的，这些变动比前几个世纪实际发生的要迅速得多。库兹涅茨还高度重视结构转变对经济增长的影响与作用。在现代经济增长过程中，经济结构的变化，一般说主要受到两个方面因素作用与要求的影响：一方面是在按人口平均国民生产总值提高后，人们的消费需求结构发生变化，从而要求物质生产结构和国民经济结构有相应的变化；另一方面是在什么样的生产技术下进行物质生产和进行各种服务活动所要求的物质生产结构和国民经济结构的变化。

钱纳里和赛尔奎因（H. B. Chenery，M. Syrquin，1970、1980）在克拉克、库兹涅茨等人研究的基础上，把研究领域进一步扩展到低收入发展中国家。在全面分析结构转变和影响结构转变的多种因素的基础上，揭示了经济发展和结构变动的"标准形式"。在其1986年出版的《工业化和经济增长的比较研究》一书中，钱纳里及其合作者完善了"发展形式"的理论和方法，主要体现在以下几点：

第一，在对39个国家（地区）总量增长因素的索洛模型估计结果的比较研究的基础上，通过所谓的多国模型，归纳出工业化的一般特征或结构转变的一致性方面：随着人均收入的增长，产业结构会出现规律性的变化，即国民生产总值中工业所占的份额逐渐上升，农业份额下降，而按不变价计算的服务业则缓慢上升。在劳动力就业结构中，农业就业所占份额下降，工业就业所占份额变动缓慢，而第三产业将吸收从农业中转移出来的大量剩余劳动力。

第二，对于影响产业结构变动的因素，提出了解释结构转变的基本过程的三种假说。一是需求说，以恩格尔定律所做的概括为基础。二是贸易说，以随着资本和劳动技能的积累而产生的比较优势的变化为基础。三是技术说，涉及加工产品对原料的替代以及生产率增长速度差异的影响。在工业化的不同阶段，影响工业化的各种因素的相对重要性也不完全相同。

第三，在结构转变的动态分析中，把结构转变分为三个阶段，即初级产品生产阶段、工业化阶段和发达经济阶段。第一个阶段是以农业为主的初级发展阶段，在这一阶段，农业虽是人们收入的主要来源，但由于劳动生产率很低，社会总体的人均收入也低；随着经济的发展，制造业的比重有所提高，这是因为制造业的人均收入要高于农业，在此阶段，社会总体的人均收入也要高于初级阶段；随着经济的进一步发展，第三次产业（特别是服务业）获得了飞速的发展，这也是由于第三次产业的人均收入要大大高于农业和制造业的缘故。当然，作为社会总体来说，第三次产业的人均收入也比前两个阶段有了较大的提高。

第四，根据发展战略，特别是贸易战略和政策战略的区别，通过对准工业国（地区）的比较研究，概括出了外向型、中间型和内向型三种工业化的主要类型和发展模式，说明了战略、政策和结构转变以及发展实绩之间的联系。

第五，在揭示工业化和结构转变的标准形式同时，钱纳里更认识到国家的产业结构转变受一个国家的资源禀赋、初始结构以及所选择的政策的影响，没有一个固定的、统一的模式。钱纳里等人对产业结构的研究，比库兹涅茨的研究不仅在方法上有所区别或有所改进，而且在研究内容的广度上和在一些问题的深度上，后者比前者都前进了一大步。

二、产业结构演进中的产值与劳动力结构变化的研究

英国古典政治经济学家威廉·配第是最早发现劳动力在三次产业之间流动规律的经济学家，在其《政治算术》一书中通过对从事农业、工业和商业人员的收入状况的比较分析，得出"制造业的收益比农业多，而商业的收益又比制造业要多得多"的结论。[①] 认为不同产业之间相对收入的差异推动劳动力向更高收入部门转移，即随着人们收入水平的提高，劳动力从农业到工业，进而再向服务领域转移。

费希尔在分析产业结构时首次提出了三次产业的概念，并指出生产结构的变化，主要表现为各种人力、物力资源将不断地从第一产业流向第二产业，再从第二产业流向第三产业，即便是政府也无法阻止这一进程。

随后，克拉克在前人研究的基础上，进一步揭示了劳动力伴随经济发展在三次产业中的分布存在着此消彼长的演进规律。克拉克于1940年在《经济进步的条件》一书中，按照三次产业分类法，以若干国家在时间推移中发生的变化为依据，分析了劳动力在第一、第二、第三次产业之间移动的规律性。发现随着国民收入的提高，劳动力首先从第一产业向第二产业移动；当人均收入水平进一步提高时，劳动力开始向第三产业转移。劳动力在产业之间的分布状况是第一产业比重不断减少，第二产业和第三产业将顺次不断增加，劳动力在不同产业间的流动原因在于不同产业之间收入的相对差异。克拉克的分析表明产业结构的演变规律是置身于经济发展的动态之中的。这个定律，不仅可以从一个国家不同经济发展的时间序列的分析中得以印证，而且也可以从处于不同发展水平的国家在同一时点上的横断面来进行比较得出类似结论。克拉克印证了配第的发现，因此被称为"配第—克拉克定理"。

库兹涅茨在克拉克研究成果的基础上，仔细发掘了各国的历史资料，大大改进研究方法，进一步证实了克拉克所做的论断。他不仅从劳动力结构，而且从部门产值结构方面，对人均产值与结构变动的关系作了更为彻底的考察；不仅限于观察值的利用，而且对截面数据和历史数据作

---

① 威廉·配第：《政治算术》，商务印书馆1960年版，第19页。

了统计回归，得出了按人口平均产值与相应份额的某些合理有用的"基准点价值"；不仅考察了总量增长和结构变化的一般关系，而且分析了结构变动在不同总量增长时点上的状态，使经验分析更具有一般性的意义。库兹涅茨认为，人均国内生产总值（GDP）在 70～1000 美元（1958 年美元）时是产值结构（各产业部门在 GDP 中的构成）和就业结构迅速变动的时期。根据对 57 个国家有关数据的统计分析，他总结了在国民生产总值不断增长和按人口平均国民生产总值不断提高的情况下，产值结构与就业结构的变动趋势：

第一，农业部门的相对比重，无论是产值结构方面还是劳动力结构方面，都处在不断下降之中。

第二，工业部门的产值相对比重和劳动力的相对比重是趋于上升的，但其上升速度不一致。与产值的相对比重相比，劳动力的相对比重显得基本稳定或上升相当缓慢。在工业和制造业内部，一些与现代技术密切相关的新兴产业部门增长最快（无论是产值的结构还是劳动力的结构比重都处于上升的阶段），而一些传统的产业部门，则在产值的结构比重和劳动力的结构比重方面均有下降的趋向。

第三，在服务业方面，无论是产值的相对比重还是劳动力的相对比重，与工业部门一样都具有上升的趋向。但在上升的速度上却与工业部门不同，劳动力的相对比重要大于产值相对比重。在服务业内部，各产业部门的发展也是不同的，如教育、科研、政府部门在劳动力的占用上显示出其比重是上升的。

不过在库兹涅茨的三次部门划分中，服务部门只包括商业、金融、保险和房地产、住房收入，以及各种专业的、文娱的、教育的和政府的服务，而将电力、煤气和水、运输、仓储和通讯划归工业部门。如果说现代经济增长过程中，产值结构变化呈现"工业化"特点，则劳动力结构的变化呈现出部分"工业化"与部分"服务化"的特点，在有些国家服务化的趋势特别显著，如美国在工业化时期，服务部门就承接了 60% 的从农业转移过来的劳动力，工业部门承接了 40% 的劳动力。

钱纳里运用库兹涅茨的统计归纳法进行了更为广泛和系统的研究。他在对 101 个发展中国家 1950～1970 年的统计资料进行回归分析的基础上，得出一个产值的部门构成和劳动力部门构成的"标准结构"。他认为，在人均 GDP100 美元以下时，就业结构变动非常缓慢。在人均 GDP 由 100 美元增加到 1000 美元的发展阶段中，就业结构将发生显著变化。例如，在人均 GDP 为 100 美元时，初级产品、制造业和服务业的劳动力就业比重分别为 65.8%、9.1%、25.1%；而在人均 GDP 为 1000 美元时，三者的就业比重分别为 15.9%、36.8% 和 47.3%，服务业劳动力就业比重上升的态势非常明显。[①]

刘易斯（W. A. Lewis，1954）对发展中国家的经济结构转变与劳动力流向问题做了开拓性的研究。在其著名的论文《劳动力无限供给条件下的经济发展》中，刘易斯通过构造一个二元结构模型，认为发展中国家的经济由两个不同的部门组成：一个是传统的、人口过剩的维持生计部门（主要是自给自足的农业、零售业和大多数传统服务部门）；另一个是劳动生产率较高的现代部门（除现代工业外，包括少量的高效农业、现代商业）。传统部门的特点是边际劳动生产率很低，存在着大量廉价剩余劳动力，而现代部门的边际劳动生产率高，就业人数较少，所需劳动力从传统部门转移过来。因此，现代部门发展就可以从传统部门中获得无限供给的廉价劳动力，在劳动力供给价格与边际劳动生产率差额中获得巨额利润。而且现代部门利润中的储蓄倾向较高，使现代部门发展对传统部门剩余劳动力的吸纳能力进一步得到提高，由此产生一种累积性效应。其结果是传统部门劳动力的边际生产率逐步提高，现代部门劳动力的边际生产率不断下降，以致达到现代部门与传统部门劳动边际生产率相等。到这时，二元经济结构就转变为一元经济结构。

刘易斯模型的重要意义在于，抓住了发展中国家二元经济结构的本质特征和农业剩余劳动力转移这一核心问题，从动态分析的角度把经济发展过程和劳动力转移过程有机地结合起来，从而阐明了发展中国家经济发展过程中产业结构和就业结构变动的一般规律，以及促进这种结构变动的必要条件。但是，刘易斯的理论也存在着一些明显的不足，其中最突出的是忽视了农业部门自身的发展、人口自然增长、工业化过程中的技术选择、城市就业状况以及工资率上升趋势等宏观经济变量对农业劳动力转移的影响，从而在一定程度上影响了其理论模型的应用价值。

---

① 钱纳里：《发展的格局》（中译本），经济科学出版社 1988 年版。

此后，费景汉和拉尼斯、托罗达分别对刘易斯模型做了进一步的修正和扩展，使之更符合发展中国家经济结构转变与劳动力流动问题的现实。

三、产业结构演进规律的理论研究

（一）配第—克拉克定律

克拉克在其著作《经济进步的条件》一书中，在分析了若干国家按年代的推移中劳动力在三次产业之间移动的统计资料的基础上，做出了有关经济发展和产业结构演变之间关系的经验性总结：随着人均收入水平的提高，劳动力首先从第一产业向第二产业转移；当经济进一步发展，人均国民收入水平进一步提高时，劳动力开始向第三产业转移。劳动力在不同产业部门之间的位移，是由于经济发展中各产业之间出现了收入（附加值）的相对差异而造成的。克拉克的分析表明产业结构的演变规律是置身于经济发展的动态之中的。这个定律，不仅可以从一个国家不同经济发展的时间序列的分析中得以印证，而且也可以从处于不同发展水平的国家在同一时点上的横断面来进行比较得出类似结论。

（二）库兹涅茨的人均收入影响论

库兹涅茨在继承克拉克研究成果的基础上，通过对 57 个国家和地区的统计资料分析，根据人均国内生产总值从横向、纵向考察总产值结构变动和劳动力分布结构变动，揭示了三次产业农业部门、工业部门、服务部门在实现收入上的变化趋势，并把收入与劳动力的变化联系起来进行考察。根据库兹涅茨的分析，各国都经历了农业部门的劳动人口比例迅速下降，工业部门、服务部门的劳动人口比例趋于上升的过程，从而进一步证实了克拉克的结论。产业结构的变动受人均国民收入变动影响的规律被称为库兹涅茨的人均收入影响论。

（三）罗斯托主导产业扩散效应理论和经济成长阶段论

罗斯托通过大量研究首次提出了主导产业及其扩散理论和经济成长阶段理论。他认为，无论在任何时期，甚至在一个已经成熟并继续成长的经济体系中，经济增长之所以能够保持，原因在于为数不多的主导部门迅速扩大的结果，并且这种扩大又会对其他产业部门产生作用，即产生了主导产业的扩散效应，包括回顾效应、旁侧效应和前向效应。此外，他还根据科学技术和生产率发展水平，将经济成长的过程分为五个阶段：一是传统社会，包括牛顿之前的整个世界。当时不存在现代科学技术，生产力水平低下，因此，这个阶段的经济是停滞的。它大体上相当于资本主义以前的原始社会、奴隶社会和封建社会。二是为起飞创造前提的阶段。这一阶段是从"传统阶段"向"起飞阶段"发展的"正在过渡中的社会"，是人类社会进入工业化的前夕，大体相当于资本主义社会的原始积累阶段。在这个阶段，近代科学技术开始在工农业中应用并发生作用，部分劳动力逐渐从农业部门转移到工业、交通、商业和服务业。三是"起飞"阶段。相当于产业革命时期。在这一时期，积累率在国民收入中所占的比率由5%增加到10%以上，有一种或几种经济主导部门带动国民经济的增长。四是向成熟挺进阶段。这时已经把（当时的）现代化技术有效地应用于大部分开采资源上去，并加速一系列新的主导部门的发展。由于技术的不断改进和新兴工业的迅速发展，促使经济结构也发生了变化。五是高额大众消费阶段。这个阶段的工业已经高度发达，主导部门已经转移到耐用消费品和服务业部门。后来罗斯托在《政治与成长阶段》一书中又增加了一个"追求生活质量"的阶段。他认为，在这个阶段国家的主导部门已经不再是耐用消费品工业，而是为提高生活质量的产业，包括教育、保健、医疗、社会福利、文娱、旅游等部门。

（四）钱纳里的三阶段发展理论

钱纳里在研究经济增长过程中产业结构变动问题时，提出了产业结构变化的三阶段动态发展阶段：初级产品生产阶段、工业化阶段和发达经济阶段。第一阶段与第二阶段的分界线在于对人均 GDP 的增长贡献制造业首次超过农业，在标准模式中这个分界线发生于人均收入 400 美元（1970 年美元）的时点；第二阶段与第三阶段的分界线在于社会基础设施对人均 GDP 增长的贡献超过制造业，约在 4000 美元（1970 年美元）时点。服务业增长的贡献率一直是最大的，但变动十分平缓；制造业的贡献率则变化巨大，工业化初期上升迅速，但在到达峰值后（约在人均

2100 美元，1970 年价）则迅速下降。

（五）霍夫曼工业化经验法则

德国经济学家霍夫曼对工业化问题进行了开创性研究，提出了工业化阶段理论，即"霍夫曼工业化经验法则"。他根据消费品工业净产值与资本品工业净产值的不同比例（即霍夫曼比例），把工业化时期划分为四个发展阶段：

第一阶段：消费品工业占主要地位，霍夫曼比例为（5±1）。

第二阶段：资本品工业快于消费品工业增长，达到消费品工业净产值的 50% 左右，霍夫曼比例为（2.5±0.5）。

第三阶段：资本品工业继续迅速增长，并已达到和消费品工业相平衡的状态，霍夫曼比例为（1±0.5）。

第四阶段：资本品工业占主要地位，认为这个阶段实现了工业化，霍夫曼比例在 1 以下。

（六）赤松要雁行形态理论

日本经济学家对产业结构理论的研究做出了卓越的贡献。第二次世界大战结束后，东亚一些国家经历了一个经济持续高速增长的繁荣时期。在此背景下，逐渐形成了解读这一经济奇迹的"雁行形态"（Wild – Geese – Flying – Pattern）理论。学者们一致认同日本经济学家赤松要是雁行形态理论的首创者，赤松要在对日本明治初年以后产业发展实证研究的基础上得出结论，认为日本某一产业的发展"通常依次经过进口、生产和出口等各阶段，据此我们可将这一产业的进口、生产和出口的雁行发展定式化"[1]。这是雁行形态假说的最初表述。后来，小岛清、山泽逸平、松石达彦等学者根据产业结构与国际市场相适应的重要发展趋势，进一步完善和发展了"雁行形态理论"，将研究范围扩大到东亚一些发展中国家，认为后起的工业化国家产业发展都会依次经历"国外进口—国内加工生产—向国外出口"三个阶段来加速本国的工业化进程。这一理论揭示了后进国家参与国际分工实现产业结构高级化途径的理论。

---

[1] 苏东水：《产业经济学》，高等教育出版社 2000 年版，第 239 页。

四、产业结构变动中的相对生产率研究

钱纳里、艾尔金顿、西姆斯（1970）在研究产业结构变动与经济增长的关系时首次用到相对生产率这一指标。他们按 1964 年不变美元，分别计算了当人均 GNP 从 100～3000 美元时，国民经济中三次产业的相对生产率，并总结出了三次产业相对生产率的一般变动趋势：随着人均 GNP 水平的提高，农业的相对生产率有所上升，工业、服务业的相对生产率大幅度持续下降，其中本来相对生产率较高的产业下降幅度较大，结果使三次产业之间的相对生产率差距不断缩小，尤其是工业和服务业的相对生产率逐渐趋同。

此外，钱纳里等人对三大产业的结构偏差也进行了实证分析，得到的研究结论是：随着人均 GDP 的提高，农业结构偏离度由正偏离逐步缩小，工业、服务业的结构偏离度由负偏离向 0 靠拢。当人均年收入达到3000 美元时，农业结构偏离度转为 −1.5，工业、服务业结构偏离度分别为 1.2、2.9。

库兹涅茨（1971）在钱纳里等人研究的基础上通过对更大样本数据的截面分析，计算了 59 个国家三大产业的产值比重、就业比重，并由此得出三大产业的相对生产率，[①] 结果发现：按 1958 年不变美元计算，当人均 GDP 从 70 美元增长到 1000 美元时，三大产业中，农业的相对生产率最小，且其值低于 1，工业次之，服务业的相对生产率最大，且均大于 1。农业与工业、服务业的相对生产率的差距不断缩小。在人均收入处于较低水平时，工业、服务业的相对生产率较高，农业的相对生产率很低。随着人均收入水平的逐渐提高，农业的相对生产率一般是缓慢上升的，工业、服务业的相对生产率持续下降，三大产业之间的相对生产率差距不断趋于缩小。工业与服务业相对生产率的差距也是趋于缩小的。在人均收入水平较低时，服务业的相对生产率明显高于工业的相对生产率。随着人均收入水平的上升，工业相对生产率的下降幅度小于服务业相对生产率的下降幅度，两者相对生产率之间的差距越来越小。可以说，库兹涅茨的研究进一步证实了钱纳里、艾尔金顿、西姆斯的研究结论。

---

① 库兹涅茨称之为相对国民收入，其含义与钱纳里等人所提出的相对生产率的概念是一致的。

赛尔奎因、钱纳里（1989）以 1980 年不变美元，重新计算了三大产业的相对生产率，得出了与钱纳里、艾尔金顿、西姆斯 1970 年、库兹涅茨 1971 年的研究结果基本一致的结论。不同的是：（1）赛尔奎因、钱纳里所计算的农业相对生产率没有上升而是有所下降，但下降的幅度要明显小于工业、服务业的下降幅度。三次产业的相对生产率之间的差距是趋于缩小的。（2）工业的相对生产率要明显高于服务业的相对生产率，但在人均收入水平超过 300 美元之后，工业相对生产率的下降幅度要快于服务业的下降幅度。因此，工业、服务业的相对生产率之间的差距也是不断趋于缩小的（见表 2-1）。

表 2-1　　　　　　　　三次产业相对生产率变化的国际标准模式

模式	人均 GNP（1964 年美元）	农 业	工 业	服务业	人均 GNP（1980 年美元*）
钱纳里、艾尔金顿、西姆斯模式（1970）	100	0.68	1.41	1.80	260～310
	200	0.61	1.18	1.80	520～620
	300	0.61	1.13	1.57	780～930
	400	0.61	1.09	1.45	1040～1240
	600	0.63	1.05	1.31	1560～1860
	1000	0.65	1.02	1.23	2600～3100
	2000	0.69	1.00	1.15	5200～6200
	3000	1.18	0.97	0.94	7800～9300
库兹涅茨模式（1971）	人均 GDP（1958 年美元）	农 业	工 业	服务业	人均 GDP（1980 年美元*）
	70	0.60	2.24	2.95	210～245
	150	0.58	1.55	1.91	450～525
	300	0.57	1.23	1.50	900～1050
	500	0.60	1.13	1.25	1500～1750
	1000	0.66	1.07	1.08	3000～3500

续表

	人均 GDP （1980 年美元）	农 业	工 业	服务业
赛尔奎因、 钱纳里模式 （1989）	< 300[**]	0.59	3.00	2.58
	300	0.53	3.07	2.04
	500	0.49	2.53	1.59
	1000	0.44	2.04	1.30
	2000	0.40	1.70	1.13
	4000	0.40	1.40	1.03
	> 4000[***]	0.54	1.15	1.00

注：[*]将 1958 年美元和 1964 年美元换算为 1980 年美元，同时使用两种换算因子：第一种（左侧）为美国同期的 GDP 平减指数，分别是 3 和 2.6；第二种（右侧）为以钱纳里和赛尔奎因的换算因子为基础并用相应方法调整美国 GDP 平减指数而得出的换算因子，分别是 3.5 和 3.1。

[**]（原注）平均约为 180 美元（以 1970 年人均收入低于 300 美元的国家在 1960～1972 年的数据为基础）。

[***]（原注）平均为 7300 美元（以 1970 年人均收入高于 4000 美元的国家在 1960～1972 年的数据为基础，但删去人均收入只略高于 4000 美元的三个国家）。

资料来源：西蒙·库兹涅茨：《各国的经济增长》，商务印书馆 1999 年中文版，第 126、第 226 页；Chenery, H. B. , H. Elkington and C. Sims, "A Uniform Analysis of Development Pattern", Harvard University Center for International Affairs, Economic Development Report, 1970, P148；Syrquin, M. and Chenery, H. B. , "Three Decades of Industrialization", The World Bank Economic Reviews, 1989, Vol. 3 pp. 152 - 3；Syrquin, M. "Structural Transformation and the New Growth Thory", in Pasinetti, L. L. and Rebert. M. Solow "Economic Growth and the Structure of Long - Term Development", The Macmilan Press。

通过检索国外文献，发现研究服务业相对生产率及产业结构偏差的文献少之又少，大多数文献都是集中关注服务业的生产率问题。从仅有的几篇涉及相对生产率的文献来看，库兹涅茨等学者的研究仅停留在通过分析多国样本数据的三次产业的产值比重、就业比重，从而计算出三次产业的相对生产率，并总结出相对生产率变动的一般规律，这一规律的总结是基于国民经济发展的某一阶段而言的。而对于近二十年来三次产业相对生产率的变化趋势未作及时跟踪研究，也没对未来发展趋势做出预测，更未涉及服务业内部行业相对生产率的比较分析及影响相对生产率变动因素的探讨。本研究将通过收集近几十年来发达国家、发展中国家三次产业以及服务业内部行业的产值数据、就业数据，以连续时间序列为轴线，重新计算产业相对生产率并总结其一般发展趋势，并对服务业内部行业相对生产率的变化做出比较分析，以期对发达国家及发展中国家的产业相对生产率进行较为深入细致的实证分析。

第二节　国内研究进展及现状

杨治（1985）是国内最早研究相对生产率的学者，在其专著《产业经济学导论》一书中，他首次将库茨涅茨的相对国民收入的概念应用于我国产业结构演变的研究中。熊映梧、吴国华（1990）等较早使用相对生产率和结构偏离度作为评价我国产业结构是否均衡的重要指标。他们对我国1952～1985年三次产业的相对生产率和结构偏离度进行了实证分析，结果认为我国第一产业相对生产率极低，第二产业相对生产率又很高，形成了一个典型的二元生产率的结构，产业结构呈现很不均衡的状态，导致产业结构的效益非常低下。

郭克莎（1993、1999、2001）对产业相对生产率的问题进行了较为深入研究。他通过计算1980～1997年我国三次产业的相对生产率，总结出了我国三次产业相对生产率的一般变动趋势，并与库兹涅茨、钱纳里、赛尔奎因、艾尔金顿等人的研究结果进行了比较。我国三次产业相对生产率变动的一般趋势：（1）20世纪90年代以来三次产业相对生产率的变动与80年代明显不同。80年代，以不变价格计算的三次产业相对生产率都下降，而以当年价格计算的第一、第三产业的相对生产率大体保持稳定；进入90年代以来，无论是以不变价格还是当年价格计算的第一、第三产业得相对生产率都呈现下降趋势，而以两种价格计算的第二产业的相对生产率都有所上升。（2）90年代以来三次产业相对生产率之间的差距明显扩大。80年代，三次产业相对生产率之间的差距以当年价格计算是缩小的，以不变价格计算也只是略微扩大；但90年代以来，无论以哪种价格计算，也不论是第二、第三产业与第一产业相比，或是第二产业与第一产业比较，还是第三产业与第二产业比较，它们之间相对生产率的差距都是扩大的。

　　郭克莎将我国三次产业相对生产率的变动趋势与发达国家三次产业相对生产率变动的一般模式进行了详细比较，认为：（1）我国第二产业的相对生产率偏高，而第一、第三产业的相对生产率偏低。在发达国家的三次产业相对生产率变动的一般模式中，当人均国民收入达到一定水平（以1980年美元计算大概为400～500美元）时，三次产业之间相对生产率的差距一般已经很小，尤其是第二产业与第三产业的相对生产率水平比较接近。但我国三次产业的相对生产率差距一直较大，特别是第二产业的相对生产率以较大的幅度高于第一产业和第三产业的相对生产率。（2）我国三次产业的相对生产率差距不合理扩大。发达国家三次产业相对生产率变动的一般趋势是，第一产业的相对生产率有所上升或只是略微下降，第二、第三产业的相对生产率较大幅度持续下降，其中本来相对生产率较高的行业下降幅度更大，结果使三次产业之间的相对生产率的差距不断缩小，尤其是第二产业与第三产业的相对生产率逐渐趋同。但我国90年代以来的变动态势却截然相反，相对生产率高的第二产业反而上升，相对生产率低的反而下降，如农业部门。因此，造成三次产业之间的相对生产率差距不合理扩大，尤其是第二产业与第三产业之间相对生产率差距扩大的偏差更加突出。

　　针对我国三次产业相对生产率不合理扩大以至差距过大的现象，郭克莎做了进一步的分析。他认为主要原因是因为三次产业的资源配置格局影响了它们之间相对生产率的变动：（1）第一产业的大量剩余劳动力难以迅速向第二、第三产业转移，妨碍了第一产业生产率水平的上升。（2）第三产业中，由于很多部门属于非国有经济而不能进入或难以进入，国有经济居垄断地位或一统天下的局面没有发生根本变化，同一产业中竞争不足，市场机制不能发挥有效的调节作用，导致第三产业生产率的提高相当缓慢。（3）第二产业尤其是工业部门，非国有经济特别是乡镇企业、民营企业和外商投资企业大量进入，使产业间的竞争程度日益强化（这在消费品工业表现尤为突出），市场机制的调节功能得到充分发挥，从而推动第二产业的生产率迅速提高。

　　郭克莎认为产业相对生产率的变动对我国产业产出结构偏差造成了一定的影响。产业相对生产率是各个产业的产值比重与劳动力比重之比，它的变动可以导致产出结构的变动。从发达国家产业相对生产率变动的一般模式看，随着人均国民收入的提高和产业结构的不断优化，产业之间相对生产率的差别是趋于缩小的，尤其是第二产业与第三产业的相对生产率趋于相同。相比之下，我国 90 年代以来产业相对生产率的变动也出现了结构性偏差。80 年代，第三产业与第二产业的相对生产率之间的差距有所缩小，其中第三产业与工业的相对生产率差距相对稳定。但进入 90 年代以来，由于第二产业的相对生产率上升而第三产业的相对生产率有所下降，导致它们相对生产率之间的差距大幅度扩大。1997 年与 1990 年相比，以当年价格计算的第三产业与第二产业的相对生产率的差距扩大至 0.28，以不变价格计算的相对生产率的差距扩大至 0.41，第三产业的相对生产率只有第二产业的 0.46。而第三产业与工业的相对生产率之比，以当年价格计算由 1990 年的 0.77 下降为 1997 年的 0.51，以不变价格计算则下降到只有 0.38，第三产业的相对生产率只为工业的 1/3 多一些。很显然，正是这种产业相对生产率的大幅度扩大，导致了产出结构偏差的明显加深。

此外，郭克莎还认为，由于相对生产率的差异造成的产业结构偏差制约了我国经济的增长。90 年代以来，我国产业结构偏差加深主要表现为第二产业产出比重升幅过大，第三产业实际产出比重不合理下降。第三产业比重偏低的现象在 80 年代得到一定好转，但进入 90 年代后，第三产业当年价格比重上升缓慢，以不变价格计算的实际比重出现下降趋势，使我国第三产业比重与其他国家的差距进一步拉大——比相同发展阶段国家一般模式大概要低出 10 ~ 20 个百分点。产业结构偏差使我国经济增长速度受到需求制约：一方面，由于历史和体制的原因，长期以来我国居民消费结构中的工业品消费比重一直很高，进而导致整个经济对工业品的需求也很高，但需求结构变动中物质产品需求比重下降而服务产品需求比重上升是一种具有内在规律的趋势。因此，对工业品需求增长不能不受到需求变动规律的制约，其结果是工业品相对过剩和生产能力闲置越来越突出，从而由工业增长支撑的经济增长速度难以回升。另一方面，服务具有生产与消费同时性的特点，第三产业比重偏低，服务供给不发达，服务需求就难以表现出来，潜在的服务需求更不可能被开发出来。加上我国消费性服务的规模、种类和质量不适应社会消费水平提高和消费结构变化的需要，进而更加阻碍了消费需求的扩大。因此，90年代后期我国出现的生产过剩、经济回升乏力表面上看起来是总量问题，实际上是结构问题。产业结构偏差不仅制约了我国经济增长的速度，而且还影响到经济增长质量的提高。首先，第三产业中很大一部分是为第一、第二产业扩大生产规模和提高生产效率服务的，如交通运输、邮电通信、商业仓储、金融保险、教育、科研、技术服务等产业部门，不仅是连接生产与市场的中间环节，而且是其他产业提高发展水平的重要条件。如果这些第三产业部门长期发展滞后必将会影响第一、第二产业以及整个经济协调增长和增长效率的提高。其次，第三产业发展受景气循环影响较小，很多服务业需求在经济衰退时仍可保持相对稳定，故相对于容易受商业存货和国际贸易影响的工业来说，第三产业对国民经济增长作用率的上升是经济稳定度提高的重要解释变量。我国由于第三产业比重偏低则不能对经济稳定增长起较大支撑作用，结构偏差对经济稳定程度提升造成不利影响。

阎小培（1998）利用产业结构偏离度和产业相对生产率两个指标对广州市的产业结构效益进行衡量，并与处于不同发展阶段的发达国家、新兴工业化国家和地区的结构效益进行对比分析，得出广州三次产业的结构效益与上述国家和地区存在差距的结论。此外，她还通过考察英国、美国在工业化时期和后工业化时期的产业结构演变进程，揭示出发达国家产业结构向服务化演进的趋势。

陈凯（2006）通过计算比较1978年以来我国三次产业相对生产率的变化时发现，农业的相对生产率在三大产业中最低，且还在持续下降，从1978年的0.4降到2003年的0.3。服务业的相对生产率在三次产业中居中间水平，但总体变化趋势是在不断下降，从1.94降到目前的1.17。工业的相对生产率在1990年以前是逐步下降的，但是在1990年以后，则保持了明显的上升趋势，从1.94上升到2002年的2.39。近年来，服务业与工业的相对生产率之间的差距在不断拉大，这与库兹涅茨、钱纳里等人的研究结果截然不同。

对此，陈凯从服务业增加值、服务业就业两个方面对我国服务业相对生产率不断下降的原因进行了分析。

从服务业增加值方面来看：第一，从三大产业的劳动增加值来看，服务业的劳动增加值在三大产业中增长最慢。在1991年~2003年，年均增长仅为9.7%，而同一时期，农业的劳动增加值年均增长为10.9%，工业的劳动增加值最高，年均增长达15.9%，三大产业劳动增加值平均年增长为13.9%。服务业的劳动增加值年均增幅低于三大产业的平均增速，服务业增加值比重明显下降。第二，在服务业内部各行业中，劳动增加值两极分化比较严重，最低的"其他行业"的劳动增加值低于服务业劳动增加值，且仅为服务业增加值的3%。服务业内部各行业劳动增加值的两极分化进一步降低了服务业增加值比重。

从服务业就业方面来看：第一，从三大产业的就业比较来看，1991~2002年，我国农业就业人口减少2228万人，工业增加就业1765万人，尚不及抵消农业所减少的就业人数。而在此期间，服务业增加就业8712万人，这表明此阶段新增的就业人口全部被服务业所吸纳，服务业的就业比重显著增大。第二，在服务业内部各行业中，交通运输仓储、批发零售贸易餐饮业、社会服务业、其他行业成为吸纳就业的四大支柱部门，尤其是批发零售贸易餐饮业和其他行业更是表现出强劲的就业吸纳能力，这四大行业普遍劳动增加值低，被称作低效能部门。而服务业内部劳动增加值最高的金融保险业、房地产业、科学研究和综合技术服务业等高效能部门，就业容量小且增长缓慢。

最后陈凯认为，由于服务业的劳动增加值增长缓慢、服务业就业比重的急剧增长以及服务业内部就业人口向低效能部门逆向流动是造成我国服务业相对生产率不断下降的重要原因。

国内还有学者基于省、市、部门、行业角度探讨了相对生产率问题。如李江帆教授（2003）利用1980~2001年的数据，实证分析了广东省三次产业及第三产业内部各行业相对生产率变动态势。在此期间，广东三次产业的相对生产率均不同程度地下降，第一产业由0.47降低到0.24，第二产业由2.4降到1.8，第三产业由2.11降到1.22。不同的是，第二、第三产业的产值比重与就业比重的偏差在缩小，而第一产业的产值比重与就业比重的偏差在扩大。在第三产业内部，传统服务业的相对生产率呈下降趋势，新兴服务业和非营利服务业的相对生产率呈上升趋势。相对生产率高于1的部门因等份就业人员所获得收益相对较高，因而吸引就业人口的流入使相对生产率下降；相对生产率低于1的部门因等份就业人口所获得收益相对低，导致就业人口的流出而使相对生产率上升。故从较长远的时期来考察，行业或部门的相对生产率有趋于1的趋势。当然，也有一些行业比较特殊，如农业长时期相对生产率较低，供电、气、水行业相对生产率居高不下，个中原因在很大程度上与这些行业的性质相关。农业相对生产率低是由于农产品低收入需求弹性所致，供电、气、水行业的高相对生产率与其自然垄断性质和经营垄断是分不开的。对于如何缩小第三产业内部不同行业之间相对生产率的差异时，李江帆教授认为，应通过提高收入水平和减少就业量来提高非营利服务业的相对生产率，以促进其发展。对相对生产率较高的营利性服务业而言，则可通过控制收入水平过快增长和增加就业量来适当降低相对生产率，以促进其规范发展。

还有学者利用相对生产率这一指标来评价第三产业内部行业的发展是否平衡。如肖灵机等（2006）通过构造相对生产率差异指数 V（$V = \sqrt{\sum_{1}^{n}(p_n - 1)^2/N}$，其中 $N = 1, 2, 3, \cdots, n$，为第三产业内部行业）来测度第三产业各行业相对生产率偏离1的变动趋势，并以此来分析评价第三产业内部结构变化的动态指数。V 的值越小，表明第三产业内部各行业的相对生产率之间的差距越小，第三产业内部结构就越合理，发展越平衡。其理论依据是目前普遍认为结构效益高的产业结构应该是各行业的相对生产率都接近1，当各个行业相对生产率大致为1时，状况最为合理。当第一、第二、第三产业的相对生产率比较接近时，产业结构总体效益水平得到提高。

顾立群（1987）基于劳动力从农业部门向非农业部门转移的角度，阐述了相对生产率指标在制定劳动力结构调整政策时的具体应用，即应以农业部门与非农业部门相对生产率之比的逐步提高为目的，使这一比值上升到中等收入国家和高收入国家所具有的水平（大约 $0.62 \sim 0.86$）。通过这种方法可以粗略地计算出我国每年应该减少的农业劳动力的数量。

徐美凤（2004）定义的全要素相对生产率（the total factor relative productive，TFRP）是以前沿生产函数为理论基础，并建立于"帕累托最优"假设之上，利用数据包络分析法（DEA），测算在有效生产前沿面上的资源配置效率，即一个系统与其最佳状况之间的差距，并能同时给出系统"技术有效"及"规模有效"等管理方面的信息。徐美凤还以信息产业为例,使用 DEA 方法,考察中国 1995～2000 年信息产业全要素相对生产率的状况,得出我国的信息技术产业目前处于高投入低产出的"生产率悖论"时期,并且信息产业各组成部分的相对生产率在考察期间发展不平衡的结论。

综观国内对服务业相对生产率问题进行全面、系统研究的文献不多。在为数不多的文献资料中,研究者或基于某个省市、部门和行业的相对生产率,或基于把相对生产率作为评价第三产业发展的一个指标来进行研究。郭克莎虽然计算了 1980～1997 年我国三次产业的相对生产率,并与库兹涅茨等国外学者的研究结果进行比较,但是他的研究仅局限于三次产业之间,未深入到第三产业内部的具体行业,对影响相对生产率变动的因素也没有作进一步的分析,不过郭克莎对产业结构偏差及这种偏差对经济造成的负面影响进行过探讨,但其未对产业结构偏差与相对生产率之间的关系作更进一步研究。此外,陈凯针对 90 年代以来,我国服务业与工业相对生产率之间差距不断拉大的现象,从服务业增加值、服务业就业两个方面进行了一定程度的解释。但总的来说,国内对服务业相对生产率的研究缺少全面、系统和完整的归纳和分析,甚至在某些方面还未真正涉及。以上种种问题以及前人研究的不足之处,都是本书所要进行探讨和深入研究的地方。

第三章

相对生产率变动的机理分析

　　产业相对生产率是某一产业（或部门）的产值（或产出）比重与其就业比重之比，是研究产业结构变动的一个常用指标，可以衡量一个国家或地区产业结构效益的高低。一般认为，产业相对生产率越趋近于1，表明该产业的结构越趋于合理，效益也越高，反之则反。从相对生产率的定义中不难看出，一个产业或部门的产出结构变化、就业结构变化是引起相对生产率变动的两个主要方面，换言之，产业结构的变动是影响相对生产率发生变化的主要原因。下面从产出结构和就业结构两方面分析产业相对生产率变动的机理。

第一节　产出结构变动对相对生产率的影响

　　产业的产出比重的高低与其相对生产率的大小会产生正相关的影响。某一产业的产出比重越高，在该产业的就业比重下降、不变或者上升幅度不如产出比重上升幅度的情况下，该产业的相对生产率都会提高。引起产业产出比重增减变化的因素都会影响相对生产率发生变动。

一、行业垄断程度的影响

　　行业垄断程度会对行业产出的高低产生较大的影响。一般来说，与完全竞争行业的产量和价格相比，垄断行业所能供给的产出通常较低而价格却很高。这是因为行业垄断者为了追求利润、效益的最大化，总是根据边际收益等于边际成本的原则来确定自己的产量和价格。垄断也就意味着造成了一种非效率的社会成本，使消费者受损而厂商受益。造成行业垄断的因素很多，既有因行业本身的性质而产生的自然垄断，也有为了保护行业发展而人为采取的包括价格管制、政府管制、人事制度等措施而形成的非自然垄断，还有因行业技术壁垒而产生的技术垄断等等。

　　农业是一个近乎完全竞争性的市场，市场进入门槛低因而垄断程度最低。工业从总体上来说因市场化程度高而垄断程度较低，但也有部分工业行业存在技术、资本等方面的壁垒而形成一定程度上的垄断，如航空航天制造、深水海洋工程等高科技制造业，石化、造船、钢铁等资本密集型制造业。服务业是一个"大而杂"的行业，涵盖范围广、包涵行业多。服务业中因行业属性而导致自然垄断的行业较多，例如邮政通信业，铁路运输、管道运输业，自来水、煤气、天然气、电力的运输与供应等。① 在自然垄断行业中，由于产品的自然属性和生产特点决定了在市场上必须限制供给者的数量，才能形成和维护生产的经济规模。如果任其供给者数量增加，就会使每一个供给者都无法达到经济规模，造成社会不经济和资源的严重浪费。还有一些服务行业由于在国民经济中占据着重要地位，有的还涉及国家主权、国家经济安全和社会就业等问题，因此有些国家对这些服务部门一直实行比较严格的管制，如银行证券保险业、广播、电影电视业等。但凡这些行业垄断程度都比较高，市场化改革相对滞后，对外开放程度也较低，非国有经济的进入通常被限制或禁止，国有经济处于绝对垄断地位或直接垄断经营。垄断行业由于缺乏足够的市场竞争压力和降低成本的动力，市场机制的调节作用不能有效发挥，造成大部分垄断行业的效率低下、服务质量差而服务价格却居高不下的弊端。一般而言，垄断程度较高的行业其相对生产率也比较高，市场化程度较高的行业其相对生产率也会偏低。

二、行业性质的影响

　　行业本身的性质对行业产出的影响是显而易见的。不同的行业性质

---

　　① 自来水、煤气、天然气、电力行业的产业划分在国际上并不统一，有的国家被归入第三产业，但在我国被划入第二产业。

因生产率的差异导致行业的产出水平大不相同。农业部门因生产条件的改善和科技投入的增多大大提高了产出水平，但农业的产出增长有一定限度，在增长到一定程度后很能再提高，不可能无限增长。同时，农业因生产经营方式的改变和有限的农村生产资源而节约了大量劳动力，因此，从较长一个时期来说，农业的相对生产率难以大幅度提高。相对服务业来说，制造行业因科学技术的不断进步使其生产率提高很快，原因在于制造业比较容易通过生产技术的改造和应用进行标准化和机械化作业，实现大规模生产，从而大幅提高产出。而对大多数服务行业来说，一般很难通过技术的改造和应用来大幅提高服务产出的，如教育服务业、医疗服务业、法律服务业、旅馆业以及个人服务业等，这些服务部门被鲍莫尔等人称之为"技术停滞型"服务部门。这类服务作为交易品就是人的一般劳动过程，要求服务提供者与服务消费者直接接触，因而它无法像商品生产那样通过生产过程的标准化和机械化来达到提高劳动生产率的目的，因此规模经济无法实现。进一步说，这类服务产品本身直接以劳动量来体现，劳动投入的多少是判断产品质量好坏的直接标准。以医生给病人看病为例，平均每个病人享受到的医生的诊断时间乃是评判看病质量的重要指标，医生花在病人身上的诊断时间越长，病人享受到的服务质量就越高，医生的劳动投入就越多，医生的服务生产率就当然越低。再如教育服务业，平均每个学生享受到老师的辅导时间是评判教育质量的重要指标。尽管现在出现了各种辅助教育设备，如闭路电视、网络教育等，但班级的规模始终无法迅速扩张。因此，对于这类服务业来说，要想确保服务业质量不变的情形下提高其产出是非常困难的。这类服务业中鲍莫尔自己所举的"经典例子"是"莫扎特的五重奏"，也就是现场表演艺术，它需要的演奏人员和演奏时间与200年前毫无二致，在确保演出质量的前提下，任何试图改进生产率的举措都是徒然的，不可能导致投入产出的变化。

当然并非所有的服务部门生产率都很低，有些服务行业如交通、通信业的生产率就很高，生产率的增长也很快，几乎接近制造业的水平。通常这类服务行业不需要顾客的直接参与，而且由于有可能用资金来代替劳动力，所以其中一些行业还可以实现自动化。这类服务业被鲍莫尔等人称之为"技术进步型"服务部门。电信业就是一个很好的例子。大约在 50 年前，绝大部分的电话连接靠的是接线员的人工劳动，而如今的电话都是通过自动交换机来实现，无须人工操作，因此电信业的生产率增长是十分显著的。同时通话技术也在不断突破，首先是无线传输，接着是微波传输、同轴电缆传输、卫星传输，其成本正在逐年下降。通常"技术进步型"服务业随着生产率的提高伴随着产出的增加。因此，行业本身的性质会影响到其产出的变化。无论是发达国家还是发展中国家的服务业，"技术停滞型"服务部门的相对生产率一般较低，而"技术进步型"服务部门的相对生产率偏高。这一规律从本书的第四、第五、第六章的实证分析中也可以得到验证。

三、行业生命周期的影响

如同企业具有生命周期一样，任何一个产业或行业也都会表现出生命周期的特性。无论是实物产品行业还是服务产品行业，一经产生就会受到来自外部环境五种力量的相互影响和相互作用，即买方讨价还价的能力、供应商讨价还价的能力、替代品的威胁、潜在进入者的威胁和行业内企业的竞争。这五种力量的相互作用推动了行业呈生命周期的演进，经历由生到死的发展过程。任何一个行业都会经历一个由新兴→成长→繁荣→衰退的发展阶段，相应地，行业的生命周期可以分为发育期、成长期、成熟期和衰退期。处于不同生命周期阶段的行业，其产出状况自然是不一样的，因此其相对生产率显然也不一样。对于处在成长期和成熟期的行业来说，旺盛的市场需求引起行业产品价格上涨，市场供给日益增多，从而行业的总产出增加，行业相对生产率也会得到提高。而处于发育期和衰退期的行业，因市场需求不足或需求萎缩而导致产品价格下降，生产者减少市场供给，行业总产出减少，引起相对生产率下降。

人类生产活动的发展相继经历了三个阶段，在这三个阶段中，产业发展顺序为农业、工业和服务业的依次兴旺发达，并占据各自生产阶段的重要地位。在社会初级发展阶段，（广义的）农业开始兴起并迅速发展，社会生产以农业为主。在以工业生产为标志的第二阶段，农业生产的重要性开始减弱，工业的发展及其在国民经济中比重的不断上升，使之成为代表第二阶段生产特征的产业。在人类社会发展的第三阶段，生产结构以服务行业的迅速发展为主要特征，经济结构从物品生产经济转向服务型经济，服务产出比重大幅度上升，整个国民经济进入"软化"或"服务化"的阶段。

即使在服务业内部，不同的服务行业也表现出不同的行业生命周期。服务业发展的初级阶段，商业贸易、住宿餐饮等传统服务业得到发展并进入一个繁荣时期，这些服务行业的产出比重占据整个服务业的绝大部分。随着商品经济的发展，由于需要运送原材料和工业产品，因而产生了对交通运输、仓储、邮政通讯等行业的需求，这些行业开始兴起并得到迅速发展。进入工业化加深阶段，社会大生产进一步发展，市场又产生了对金融保险业、科技服务业、法律咨询业等为生产提供服务的需求，这时生产服务业开始得到极大的发展。进入"后工业社会"以后，人们的需求结构呈现多元化、多样性，开始增加对文化教育、医疗保健、旅游度假、休闲娱乐等服务业的需求，于是促进这些幸福导向型服务产业的兴起与发展。正是服务业内部不同服务行业经历生命周期的相互更替，才促进服务业的不断向前发展。

四、需求收入弹性的影响

产品需求的收入弹性被用来表示消费者对某种商品需求量的变动对收入变动的反应程度，当消费者的收入水平变化1%时，对某种商品需求量变化的百分比。当某种产品（包括实物产品和服务产品）的收入弹性绝对值大于1时，通常认为该产品是富有弹性的，特别是收入弹性大于1时，说明消费者的收入增加会引起人们对该产品需求量的显著增加，该类商品通常是奢侈品；收入弹性的绝对值小于1时，则表明该产品是低弹性或缺乏弹性，说明消费者收入的增减对商品的需求量影响不大，该类商品一般是生活必需品。对于正常的产品来说，需求的收入弹性是大于0的，但对于某些劣等品来说，需求的收入弹性是小于−1的，表明消费者收入的增加反而会引起对该类产品需求的减少。

不同的产品具有不同的需求收入弹性。随着社会经济发展和人们收入的增加，人们的需求会发生变化，从而引起对不同产品需求量的变化。就三大产业的产品而言，农产品的需求收入弹性通常较低，工业品次之，服务产品的收入弹性最高（见表 3-1）。对于大多数的农产品来说是低弹性或缺乏弹性的，甚至有些农产品的需求收入弹性是负数，因为人们对农产品的需求总是有限的，随着收入水平的提高，人们对农产品的需求量在不断减少，导致农业的产出在国民经济中的比重逐渐下降。随着收入水平进一步提高，人们会加大增加对需求收入弹性较大的工业产品的需求，如家用电器、汽车、住房等，市场需求的增加会引起该种产品供给的增加，从而产出增大。当收入水平达到一定程度后，人们开始加大对需求收入弹性更大的服务产品的需求，如教育培训服务、医疗保健服务、娱乐休闲服务等，需求量的增加刺激着这些服务行业的快速发展，从而服务产出也迅速增加。

表 3-1　　　　　　　　　　　服务产品的需求收入弹性

产品	弹性	产品	弹性
电煤气	0.50	宗教慈善事业	1.14
食品	0.51	收音机电视机	1.22
药品	0.61	购买用餐	1.40
烟草	0.64	牙科服务	1.42
住院治疗	0.69	书籍	1.44
医生服务	0.75	酒	1.54
衣服	1.02	娱乐服务	1.57
理发	1.03	新车	2.45
住房	1.04	家庭教育	2.46

资料来源：劳埃德·雷诺兹：《微观经济学：分析和政策》，转引自李江帆：《第三产业经济学》，广东人民出版社 1990 年版，第 347 页。

当然，即使对于需求收入弹性较大的服务产品来说，不同的服务产品其需求收入弹性也存在差异。对于生活必需的服务产品来说，其需求的收入弹性一般较小，对于奢侈的服务产品而言，其需求的收入弹性较大。这就不难解释为什么发达国家的教育服务业、卫生医疗服务业、旅游休闲服务业高度发达，而广大发展中国家的服务业主要以交通仓储业、商贸服务业、住宿餐饮业等传统服务业为主。发达国家经济发展水平高，人们的收入也非常高，因此对需求收入弹性较高的教育、医疗、旅游休闲等服务产品需求旺盛，促使这些服务业发展迅速。发展中国家由于经济发展还没有达到发达国家的发展程度，人们的收入非常有限，对服务产品的需求也就局限在交通、商贸、住宿餐饮等传统的服务领域，导致发展中国家的传统服务业非常发达，现代服务业、新兴服务业发展不足。

五、消费结构的影响

一国居民的收入水平决定了该国的消费水平和消费结构。居民的消费结构不仅直接影响着最终消费品的生产结构和生产规模，而且间接影响中间产品的需求，进而影响中间产品的生产结构。随着收入水平不断提高，人们的消费需求在总量上呈现扩张趋势，消费结构趋于多层次、多样化发展。消费结构的变化自然会引起生产结构的变化，从而引起不同行业相对生产率的变动。

恩格尔（Engel）系数是衡量居民生活水平高低的一个重要指标，也是反映消费结构的一个重要指标。恩格尔系数与居民的生活水平存在负相关关系，当人们处于一个较低的生活水平时，恩格尔系数通常很高，随着人们生活水平的提高，恩格尔系数也在不断地下降。因此，恩格尔系数的高低被联合国作为评价贫富国家生活水平的重要标准之一。在人们收入较低时，其消费支出中的绝大部分是用来购买食品等生活必需品，用于其他方面的消费很少，这时恩格尔系数很高，人们生活极其贫困。在这个阶段，社会生产结构主要以农业为主。随着收入水平的逐步提高，人们的消费结构发生了很大变化，生活必需品的支出占居民可支配收入的比重趋于下降，居民将主要的消费支出用来购买家用电器、汽车、房子、衣物等耐用消费品和工业产品上。居民消费更多的工业产品促进了工业制造业的繁荣发展，即居民消费拉动了制造业的生产供给，从而增加了工业产出。在这个阶段，工业产出占据社会生产结构的很大比重。当人们收入进一步增加时，居民则将主要的收入支出用于服务领域的消费，诸如接受教育培训、享受医疗保健、旅游度假、娱乐休闲等服务。增加对服务产品的消费大大促进了相关服务行业的发展，社会进入美国社会学家丹尼尔·贝尔所描述的"后工业化社会"。"后工业化社会"最显著的特征就是服务业高度发达，人们的消费支出主要以服务产品为主，国民经济进入"软化"或"服务化"阶段。

我国是一个人口众多的国家，同时也是一个消费大国，但是长期以来形成的农村消费市场和城镇消费市场的二元结构，导致我国两个市场的消费结构差异显著。改革开放以来，我国农村和城镇的消费结构发生了重大变化，人们生活水平在不断提高，恩格尔系数不断下降，但两个市场的消费结构差异仍然十分显著，农村居民家庭的恩格尔系数比城镇居民家庭的恩格尔系数大约高10个百分点，而且全国13.39亿总人口中就有6.7亿人生活在乡村。在农村居民消费支出中，食品、居住支出仍然占据居民家庭收入的绝大部分，用于医疗保健、交通通讯、文化教育、旅游休闲等方面的支出比重却很小。在城镇居民的消费支出中，尽管食品支出仍占居民消费总支出的首位，但居民对交通通讯、医疗保健、文化教育等服务产品的支出在明显增加，合计的消费支出比重已经超过了食品的消费支出比重。农村消费市场与城镇消费市场完全不同的消费结构是导致农村服务业极其不发达而城市服务业高度集聚、相对发达的一个重要影响因素。

六、生产结构的影响

任何一个行业的产出都会受到该国生产结构的影响。影响一国生产结构的因素众多复杂，既有国内的因素，也有国外的因素。影响生产结构的国内因素有自然条件和资源禀赋、劳动力的供给状况、居民的消费结构和国家的产业政策等，国外影响因素则包括该国的对外贸易结构、国际投资和国际产业分工等。

一个国家或地区的自然条件和资源的禀赋对该国或该地区生产结构的形成与变化有着重要的影响。一个国家或地区总是会根据自己的资源禀赋优势来安排该国或该地区的生产结构，自然资源丰富的国家或地区，其生产结构或多或少地具有资源开发型的特性，而资源匮乏的国家就不可能形成资源开发型的产业。由于自然条件和资源禀赋一般是人力因素难以改变的，但它又是一国经济发展的基础因素，因而对一国生产结构的形成和经济的发展具有重要的影响。例如，对于具有丰富石油资源的国家来说，该国会大力发展与石油有关的勘查、开采、提炼、加工、销售等一系列的生产活动，自然而然石油产业也会成为该国经济的支柱性产业。

劳动力的供给状况也会对生产结构产生影响。对于劳动力资源丰富且、缺乏资本的国家来说，其生产结构往往会围绕劳动力密集型产业来布局，而相对劳动力供给不足但资金比较充裕的国家，大多会发展资本密集、技术密集型的产业。对于居民的消费结构来说，当一国居民以实物产品消费为主时，该国的生产结构将围绕实物产品的生产来安排；消费结构以服务产品为主，则生产结构也以服务产品的生产为主。此外，国家在不同的发展时期制定不同的产业发展政策也会引起生产结构上的差异。

对外贸易结构也会影响到一国的生产结构。国际贸易是通过本国产品出口刺激该产业需求增长和外国产品的进口以增加国内供给来影响本国生产结构的。通常一国都会根据本国在对外贸易中具有比较优势的产业来安排生产，通过扶持那些具有比较优势的产业发展来扩大对外出口，以便在对外贸易中赢得竞争优势和获取比较利益。在国际贸易中不具有比较优势的产业则通过进口其产品以满足国内市场需求。因此，一国在对外贸易中具有比较优势的产业必将会得到大力发展，而不具有比较优势的产业则通常发展得比较缓慢。

七、产业政策的影响

国家制定的产业发展政策对某个产业或行业产出的影响最为直接、最为明显。为了实现政府制定的经济发展目标，政府往往会通过制定产业发展战略和政策来鼓励、引导或限制某些产业的发展。当国家制定的产业政策有利于某项产业或行业时，政府会通过投资、管制等措施，运用财政、货币等经济杠杆，通过立法、行政干预等手段来调整供给结构、需求结构、国际贸易结构和国际投资结构，促使各种资源流向这些产业或行业，使得该产业或行业获得超常规发展，产业产出大大增加，进而产业的相对生产率也得到提高。

以我国为例。中华人民共和国成立后，采取苏联的经济发展模式，实行优先发展重化工业的经济政策，集中全国的人力、物力和财力大力发展重化工业。但是发展重化工业需要巨大的资金，而当时的财力又十分有限，为了缓解发展重化工业所面临的资本约束问题，政府通过实施传统的"三位一体"经济体制模式，即扭曲产品和生产要素价格的宏观政策环境、高度集中的资源计划配置制度以及没有自主权的微观经营机制，以控制所有重要战略资源，使其为重工业发展所用。在农业上，通过压低农产品价格以形成工农业产品"价格剪刀差"来攫取农业剩余价值。为了榨取服务业的剩余价值，服务业也被纳入传统的经济体制范畴，通过价格管制、服务企业国有化改造，以产生工业和服务业"价格剪刀差"，[①] 从而保证了服务业创造的价值剩余像农业价值剩余那样，被源源不断地输送到工业企业，支撑着工业以超常规的速度发展。

到改革开放前，我国虽然第二产业得到了飞速发展，但第一产业和第三产业却发展缓慢。1952 年第二产业增加值为 119.8 亿元（当年价，下同），占 GDP 的比重仅为 20.9%。1978 年第二产业增加值增长到 1607.0 亿元，占 GDP 的比重攀升至 47.9%，26 年里比重上升了 27 个百分点。按照可比价计算，1952～1978 年，第二产业增加值年平均增长率达到了 11.5%。1952 年第三产业增加值为 194.3 亿元，高于第二产业增加值，占 GDP 的比重为 28.6%。到了 1978 年，第三产业增加值为 860.5 亿元，大致相当于第二产业增加值的一半，占 GDP 的比重下降到 24.2%，较 1952 年降低了 4.4 个百分点。按可比价计算，1952～1978 年，第三产业增加值年平均增长率仅为 5.58%，不及第二产业 11.5% 的增长率的一半。因此，在新中国成立后到改革开放前的这个历史时期，第二产业的相对生产率明显在上升，而第一产业、第三产业的相对生产率却在显著下降。

优先发展重化工业的经济政策一方面的确使工业获得了超常规的发展，但与此同时，也造成我国的农业和服务业长期得不到应有的发展，导致产业结构严重失调。改革开放以后，国家为了迅速扭转优先发展重化工业的片面思想所导致的产业结构偏差日益严重的问题，相继在农业

---

① 李江帆：《第三产业经济学》，广东人民出版社 1990 年版，第 315 页。

领域和服务业领域进行了一系列的改革。例如，在农业领域开始推行家庭联产承包责任制的改革，大大提高了广大农民的积极性，解放了被长期束缚的生产力，农业产出显著增加，农业生产率得到提高，农业相对生产率也止跌上涨，由 1978 年的 0.4 上升到 1984 年的 0.5。20 世纪 80 年代中期，国家开始重视第三产业的发展，第三产业发展明显加快，第三产业增加值比重从 1984 年的 25.1% 上升到 1992 年的 35%，第三产业的相对生产率在同一时期也由 1.56 上升到 1.77。

从以上分析可以看出，经济政策会对产业相对生产率产生较大的影响，当经济政策有利于某一产业的发展时，必将促进该产业产出的增加进而使该产业的相对生产率得到提高。

第二节　就业结构变动对相对生产率的影响

产业的就业结构变动是影响相对生产率变化的另一主要因素。产业的就业比重与产业相对生产率的大小呈现负相关关系，就业比重越高，在产出比重下降、不变或者上升幅度不如就业比重上升幅度的情况下，都会引起相对生产率的下降；就业比重越低，在上述产出比重同样变化的情形下，相对生产率的值会提高。影响产业就业结构变化的各种因素必然会引起该产业相对生产率的变动。

一、行业收入差异的影响

行业收入的差异是造成劳动力在不同行业之间流动的主要因素之一。英国古典政治经济学家威廉·配第最早观察到劳动力在不同产业之间的流动现象。在其《政治算术》一书中，威廉·配第通过对从事工业、农业和商业人员的工资报酬的分析，认为制造业比农业，进而商业比制造业能够得到更多的收入，正是这种不同产业之间的"收入差"推动劳动力向更高收入部门转移。即随着经济的发展，劳动力首先从农业部门流向工业部门，进而再向服务领域转移。产业发展的新趋势和劳动力的转移，是盈余收益增多和消费水平提高的直接后果。英国经济学家克拉克在威廉·配第的基础上实证分析了若干国家按年代的推移中劳动力在三次产业之间的移动，做出了有关经济发展和产业结构演变之间关系的经验性总结：随着人均收入水平的提高，劳动力首先从第一产业向第二产业转移；当经济进一步发展，人均国民收入水平进一步提高时，劳动力开始向第三产业转移。劳动力在不同产业部门之间的位移，是由于经济发展中各产业之间出现了收入（附加值）的相对差异而造成的。后来人们将劳动力在不同产业之间位移的规律称之为"配第—克拉克定律"。

在现实经济构成中存在着众多的产业部门，由于社会分工及技术在不同产业或部门的应用程度会引起不同产业或部门之间的劳动生产率可能出现差异，并进而导致不同产业的就业人员相对工资收入的差异。由于人们总是在不断追求更高的收入水平，因此他们总会争取进入劳动生产率较高从而相对收入也比较高的产业或部门就业。按照古典经济学的收入分配理论，劳动者的收入与其劳动生产率密切相关，在一个完全竞争的市场体系下，劳动者的收入应该等于劳动者的边际劳动生产率。如果国民经济中各产业之间不存在人为设置的障碍并且是互相开放的，劳动力市场是一个充分发达并且劳动力在各产业之间可以实现自由流动的市场，即各产业处于完全竞争的状态下，那么通过行业相对收入的差异，市场可以自发地将劳动力资源重新配置。那些劳动生产率较高从而相对收入水平也比较高的行业成为劳动力流入的部门，从而使原来较高的相对生产率因就业人数的不断增加而有所下降。劳动生产率较低从而收入水平也相对低的行业成为劳动力流出的部门，这样原本相对生产率较低的部门由于就业人数的减少反而使相对生产率得到提高。

二、行业自身性质的影响

不同的行业对劳动力的吸纳能力是不同的。有些行业发展到一定程度以后对劳动力的吸纳十分有限，但有些行业发展到一定程度后仍然保持较大的劳动力需求，这主要是由行业本身的特性所决定的。如对于制造业来说，可以通过技术改造和增加资本来替代劳动力，容易实现行业自动化和流水线作业，从而节省了大量的劳动力。发达国家产业发展的经验也表明，制造业发展到一定规模和水平后，其吸纳就业的能力开始呈现下降趋势。对农业部门来说，在原始农业阶段，由于生产方式和生产工具十分落后，农业劳动生产率极其低下，农业部门保留了大量的劳动力造成农业的就业比重很高。随着农业机械化程度的提高以及生产方式的改进，大大提高了农业劳动生产率，农业部门不再需要大量的劳动力，农业部门释放出来的剩余劳动力源源不断地流向工业和服务部门，因此，农业的就业比重显著下降。国内外三次产业就业结构的演变趋势无一例外地体现了这种变化规律。

在服务业内部，不同性质的服务行业对劳动力的需求也各不相同。服务产品具有无形性、生产与消费同时性、不可储存性、不可分割等特性，服务业是一个异质性很强的行业，涵盖范围广，包涵行业多，既有劳动密集型的服务行业，也有资本密集、技术密集、知识密集的服务行业。不同种类的服务业表现出不同行业的特性，对劳动力、资本、技术的要求也就不同，因而造成不同服务行业之间就业上的差异，并进而影响到服务业的相对生产率的变动。如交通通信业、金融保险业、房地产业，通常这类服务行业无须顾客的直接参与，而且由于有可能用资金、技术来代替劳动力，所以其中一些部门或环节还可以实现自动化。这类行业对劳动力的总需求是有限的，到一定程度后该行业就业会趋于饱和状态，属于"技术进步型部门"（progressive　sector）。在技术进步部门中，创新、积累和规模经济带来了单个资本产出的不断增长，劳动只是重要的投入要素之一，资本和技术可带来大量劳动力的节省，因而这类部门的就业比重往往很低而相对生产率却很高。无论是在发达国家还是发展中国家，这些服务部门的就业比重往往不高但相对生产率却比较高。以 2003 年为例，我国的邮电通信业、金融保险业、房地产业的就业人数占整个第三产业就业的比重分别是 1.96%、1.61%、0.56%，但其相对生产率分别是 4.18、10.25、10.84，[1] 大大超过整个第三产业的相对生产率 1.41 的值。

另外一些服务行业，如教育服务业、医疗服务业、法律服务业、饭店旅馆业以及个人服务业等，它对劳动力的吸纳弹性较高，服务的供给者无法像商品生产那样通过生产过程的标准化和机械化来减少劳动用工，

---

① 《中国统计年鉴》（2006）相关数据计算整理。

从而达到提高劳动生产率的目的。特别是随着生活水平的提高，人们的需求结构呈现多元化，从单一的物质需求向多元化的服务需求转变，今后会增加对旅游休闲、卫生保健、文化娱乐、教育培训等方面的需求，因此相应的服务行业将得到较快发展。这类服务部门的快速发展显然不会带来劳动力需求的减少，反而会增加对劳动力的需求，因此这类部门往往就业比重偏高而相对生产率偏低。从第四、第五和第六章的实证分析中可以看到，不论是在发达国家还是在发展中国家，饭店旅馆业、个人服务业的相对生产率非常低，批发零售贸易业、教育卫生服务业的相对生产率也低于服务业相对生产率的值。

三、劳动力进入壁垒的影响

劳动力在进入不同的行业或部门就业时会受到各种壁垒的限制，其中既有来自行业本身的壁垒，也有来自人为设置的各种限制。这些壁垒和限制在一定程度上影响了劳动力自由选择就业的机会，造成不同行业或部门之间就业上的差异，从而引起相对生产率发生变动。

技术壁垒是最具代表性的行业自身壁垒。农业是壁垒最少的产业部门，无论是行业自身的壁垒还是人为设置的限制都相对较少，劳动力进入该部门就业几乎不受任何限制。简单、低端的加工制造业也不存在技术上的壁垒，但高、尖、精的先进制造业因科技、知识含量高，对劳动者的素质要求也很高，从而形成事实的技术壁垒。第三产业中也广泛存在着具有行业壁垒的部门，如金融保险业、邮电通信业、科学研究与技术服务业、教育医疗服务业等。通常这些行业对人才的要求比较高，通常要求劳动从业者具有丰富的专业知识和劳动技能，甚至有些特殊行业还需要对从业者经过专门的培训才能上岗。技术上的壁垒在一定程度上阻止了大量低素质劳动者的进入，造成这些部门长期以来就业比重偏低，从而导致相对生产率较高。如我国金融保险业、邮电通信业等行业的相对生产率远高于整体第三产业的相对生产率，是第三产业内部行业中相对生产率最高的几个部门。在国外服务业中，这些行业的相对生产率也普遍较高。行业本身所具有的进入壁垒是影响相对生产率偏高的一个重要因素。

人为设置的各种限制在第三产业中也广泛存在的，人为的壁垒包括严格繁琐的人事制度、行政制度和户籍制度等。第三产业中存在着较多的自然垄断性行业，如铁路、民航、通信、邮政等服务业。自然垄断是指由于规模经济效益、范围经济效益、网络经济效益、资源稀缺性、沉淀成本等技术和经济方面的愿意而形成的一个产业由一家企业独占（完全垄断）或少数几家企业（寡头垄断）的经济现象。① 也有一些行业因涉及国家主权、国家经济安全等也实行不同程度的垄断，如金融保险业、广播电视业，这些部门人事制度严格复杂，劳动力也相对不易进入。还有维护国家机器的军队、警察等行业，有一套严格的用人程序，因此劳动力也很难进入，大凡这些行业的就业比重都不高。

四、劳动力供给的影响

劳动力的供给状况也会影响到一国劳动力的就业选择。在市场经济发达的国家，劳动力的供给对各产业和行业而言是相对平等的，也就是说市场化程度较高的国家对劳动力的职业选择限制很少，劳动者可以根据自己的意愿自由择业。但在市场化程度较低的国家，劳动力市场并没有发挥出真正作用，劳动力在就业时会受到较多的人为限制。例如我国长期实行的二元户籍管理制度就限制了劳动力的自由流动，从而造成第一产业滞留了过多的剩余劳动力，第二、第三产业劳动力相对供给不足。众所周知，20 世纪 50 年代以来，我国实行严格的城乡二元户籍管理制度，农村人口向城市转移、农业人口向其他产业转移存在诸多障碍。这就意味着城市的工业、服务业很难吸纳到农村的剩余劳动力。在这种情形下劳动力要素市场在中国是封闭的，劳动力不能在城乡之间、地域之间和各个产业之间实现自由流动（这种情形在进入 21 世纪得到一定的缓解，农民工的出现即是一个很好的印证，但在城市还存在严重的就业歧视，即对农业户籍人口的就业限制较多）。在国外，这种城乡二元户籍制度是不存在的，劳动力要素市场是完全自由流动的，农业剩余劳动力可

---

① 李江帆：《第三产业垄断行业的规制与改革》，载于《商业经济文荟》2003 年第 3 期，第 18 页。

以向工业、服务业自由流动而不受任何限制。因此国外的工业、服务业吸纳农业剩余劳动力是充分的、不受限制的，故其工业、服务业的相对生产率要比我国低得多，尤其是发达国家。

发达国家服务业的就业比重一直比较高，一般都占总就业比重的70%～80%，即使是泰国、马来西亚等发展中国家服务业的就业比重也大都保持在40%以上，而我国第三产业的就业比重在2010年才达34.6%，比发达国家低36～50个百分点，也比其他发展中国家低7～15个百分点。显而易见，严格的城乡二元户籍管理制度在一定程度上限制了劳动力向第三产业转移，这是导致我国第三产业就业比重偏低的一个重要原因。

五、技术进步的影响

技术进步是推动一国产业结构变动的最主要因素之一。科技进步一方面通过对产出结构的影响而间接影响劳动力就业结构的变化，另一方面直接地对劳动力的就业结构变化产生影响。科学技术的日益提高促使各产业部门发生变革，并通过主导产业后向关联效应带动中间需求型产业的扩张，也通过主导产业的前向关联效应促进了最终需求型产业的发展；技术进步不断拓宽劳动对象，使产业部门不断细化、新的产业部门不断产生；技术进步还引发人们产生的新的需求，新需求又刺激着新的产业部门的发展壮大。中间需求型产业、最终需求型产业、新兴产业的兴起与发展最终又吸引劳动力流向这些产业部门就业，从而间接地引起劳动力就业结构发生变化。

技术进步对劳动力就业结构的直接影响也是显而易见的。科学技术水平的提高不但节省了大量劳动力，提高了劳动生产率，而且为新兴产业的发展提供了丰富的劳动力资源。在农耕时代，或在以农业为主导产业的国家，农业科技水平的落后使得大量劳动力被束缚在农业部门，形成单一地以农业为主的就业结构。随着科技水平的提高，技术进步一方面引起传统农业分化，加速了整个产业体系的结构分化与重组，促使第二、第三产业得到发展；另一方面技术进步又促进了农业生产率的提高，大大解放了生产力，为第二、第三产业提供了大量剩余劳动力，从而使劳动力的就业结构不断发生变化。

六、劳动力教育程度的影响

劳动力教育程度的高低对劳动力的就业选择具有重要影响。一般来说，劳动力教育的程度越高，其失业的可能性就越小，劳动力教育的程度越低，其就业的机会就越小。农业部门对劳动力教育程度的要求最低，只要从业者具有基本的劳动能力即可从事农业生产。劳动密集型制造业、简单加工业和传统的服务部门一般也对从业者的教育水平要求不高，劳动者只需具备一定的文化知识和劳动技能即可胜任工作。但对于知识、技术密集型的高科技制造业和现代服务业来说，不仅要求从业者接受过良好的知识教育，而且要求从业者拥有专门的劳动技能，如航天航空制造业、科学技术服务业、教育、医疗服务业等。文化程度较高的劳动力一般会进入知识、技术密集型行业就业，而文化程度较低的劳动力一般选择劳动密集型部门就业。因此劳动力接受教育程度的不同会影响劳动力的就业选择。

一国劳动者接受教育的水平很大程度上会影响该国劳动力就业结构的。发达国家教育水平很高，劳动力受教育的程度普遍较高，劳动者在择业时大都集聚在高端的制造业和现代服务部门，选择在农业、低端制造加工业、传统服务部门的就业比重较低。发展中国家以及我国的教育水平相对落后，劳动者接受的教育程度普遍偏低，这些国家大多数劳动者集中在对文化知识要求很低的农业部门就业。随着农业劳动生产率的提高，农业部门成为劳动力流出的唯一部门，农业部门产生的大量剩余劳动力在进行再次就业时，由于普遍文化程度低，加之缺乏必要的再就业培训，因此大多数劳动力也只能进入劳动密集型的加工制造业或进入传统的服务部门就业，如批发零售贸易业、住宿餐饮业等。高端制造业及第三产业内部的高效率部门就业容量小且增长缓慢，劳动力向第三产业转移时主要流向第三产业乃至整个国民经济中生产效率较低的部门，这种劳动力就业向低效部门的逆向流动很大程度上与劳动力接受教育水平低有关。

七、市场化程度的影响

市场化程度的高低对劳动力的流动会造成一定影响。对于市场化程度较高的产业来说，资金、技术、人才的流动是自由的，不受任何限制，但在市场化程度较低的行业，由于市场是相对封闭的，或存在一定程度上的垄断，因而劳动力在产业之间的流动受到限制。市场化程度的高低主要受一个国家体制的影响，而体制是资源配置的一定方式和由之派生的调整不同经济主体之间的行为关系、利益关系的准则或规范体系。[①] 市场体制下的资源配置方式（包括劳动力的配置）及其派生的行为机制，主要依靠"看不见"的手来组织、协调产业，产业结构内部联系比较均衡，运行轨迹也比较平稳。美国、英国等西方发达国家实行的是自由主义的经济体制，市场经济高度发达，劳动力的供给完全由市场来自发调节，也就是说劳动力在各产业和部门之间可以自由流动，不受任何限制。在市场基础薄弱、社会经济发展程度低的国家，"看不见的手"和"看得见的手"相互耦合的基础尚不明显，资源配置由中央以指令性调配和超经济强制方式来完成，这在以计划经济为主的国家中表现非常明显。市场化程度高的国家，劳动力不但可以自由择业，而且也能最大限度地充分就业；市场化程度低的国家，劳动力很难根据自己的偏好来选择就业，对于垄断程度较高的行业来说，往往就业不充分，这种情形在我国第三产业中表现尤为明显。我国第三产业市场化程度低，对外开放水平也不高，有些行业因涉及国家主权、国家经济安全、社会就业等问题而一直实行较严格的管制，劳动力的进入相对困难。目前，我国第三产业领域还存在较多的带有垄断性质的行业或部门，如电信、金融、保险、铁路运输、航空运输、广播电视等。这些部门由于市场化程度低，劳动力的进入相对不易，就业比重通常较低。这些行业的相对生产率通常比发达国家同行业的相对生产率更高，市场化程度低是一个主要原因。

此外，就业中的性别歧视、劳动力再就业培训等会影响劳动力的就

---

① 蒋昭侠：《产业结构问题研究》，中国经济出版社 2005 年版，第 25 页。

业状况。一般而言，女性的就业要比男性差，原因在于女性在就业过程中受到一定程度的歧视，用人单位更倾向于选择男性劳动者。劳动力的再培训工作也会影响到劳动力的再就业，在一个就业培训机制比较完善的国家，劳动力在失业之后经过再就业的培训，提高劳动技能，很快可以在新的行业重新就业。所以再就业工程会影响劳动力的再就业。

第四章

发达国家服务业相对
生产率的实证研究

第一节 美国服务业相对生产率的
变化趋势分析

美国是当今世界第一经济强国，过去30年来，经济总量一直位居世界首位，大国特征非常显著，市场经济高度发达。服务业在美国国民经济中占有举足轻重的地位，无论是产值比重还是就业比重都非常高，2012年，美国服务业增加值占 GDP 比重为 79.7%，服务业就业人数占总就业人数的比重更高一些，达81.2%①。因此，以美国为例，深入分析其三次产业相对生产率的变化趋势及其服务业内部行业相对生产率的变化规律，更能反映发达国家服务业相对生产率变化的一般规律，具有代表性。

一、工业化时期美国三次产业相对生产率的变化分析

按照德国经济学家霍夫曼的观点，美国进入工业化阶段的起始时间大致在 1770 – 1820 年，工业化进程大约持续了 100 多年，直至 20 世纪 50 年代，美国社会才完成了工业化发展阶段开始进入后工业化时期。美国的工业化阶段也就是库兹涅茨所指的现代经济增长过程的阶段。表 4 – 1 列出了美国 1800 ~ 1950 年，农业、工业和服务业三次产业的产出结构、

---

① 笔者根据 GGDCCV Maddison 网站数据整理，http：//www. ggdc. net/dseries/。

就业结构及其相对生产率的变化情况。

表 4 – 1　　　1800～1950 年美国三次产业产出、就业结构及相对生产率

年份	产出构成（%）			就业构成（%）			相对生产率		
	I	II	III	I	II	III	I	II	III
1800	40.0	13.0	47.0	83.5	5.7	10.8	0.48	2.28	4.35
1820	34.0	15.0	51.0	71.8	12.2	16.0	0.47	1.23	3.19
1840	35.0	16.0	49.0	64.2	14.9	20.9	0.55	1.07	2.34
1849	41.9	17.8	40.3	61.7	15.5	22.7	0.68	1.15	1.78
1859	40.8	16.2	43.0	57.0	18.0	24.9	0.72	0.90	1.73
1870	33.9	21.8	44.3	52.2	23.5	24.3	0.65	0.93	1.82
1880	29.7	20.1	50.2	52.3	23.2	24.3	0.57	0.87	2.07
1890	23.7	28.3	48.0	45.1	26.5	28.4	0.53	1.08	1.69
1900	29.0	25.5	45.5	40.6	28.0	31.3	0.71	0.91	1.45
1910	24.0	29.0	47.0	34.9	29.2	35.9	0.69	0.99	1.31
1920	21.0	32.0	47.0	30.6	31.7	37.7	0.69	1.01	1.25
1930	14.0	31.0	55.0	24.9	29.5	45.4	0.56	1.05	1.21
1940	12.0	35.0	53.0	20.5	30.9	48.6	0.59	1.13	1.09
1950	10.0	39.0	51.0	13.3	35.7	51.0	0.75	1.09	1.00

注：表中 I 代表农业；II 代表工业；III 代表服务业。

资料来源：根据黄少军：《服务业与经济增长》，经济科学出版社 2000 年版，第 268～269 页计算整理。

（一）三次产业产出结构的变化

美国的服务业起步较早，在工业化初期的 1800 年，美国三次产业的产出比重最大的竟然不是农业，而是服务业，在工业化的初期其产出比重就高达 47%。这表明美国在工业化初始阶段，服务业就已经在国民经济中占有较高的比重，并不是随着社会经济发展才逐步提高的。农业的产出比重也很高，仅次于服务业，达到 40%。工业的产出比重最低，仅占国民经济的 13%。随着工业化进程的逐步加快，农业的产出比重大幅下降，工业的产出比重稳步增加，特别是进入 20 世纪以来增长的幅度明显要快于 19 世纪，大约在 20 世纪初期开始超过农业的产出比重而位居

第二。服务业产出比重在整个工业化的过程中增长波动较大，增幅却并不大，在美国工业化长达 150 年的时间里，服务业的产出比重只提高了 4 个百分点，但其产出比重却始终高于工业的产出比重。到工业化末期，美国三次产业的产出比重由工业化初期的 40%、13%、47% 逐渐演变为 1950 年的 10%、39%、51%。图 4 - 1 则更为直观地描述了美国工业化时期三次产业产出结构的变化趋势：农业产出比重呈阶梯式的下降，工业产出比重呈阶梯式的上升，而服务业的产出比重在起伏波动中缓慢上升。可以说，在整个工业化时期，美国三次产业产出结构的变化主要表现在农业产出比重大幅下降（下降了 30 个百分点），工业产出比重显著提高（提高了 26 个百分点）。

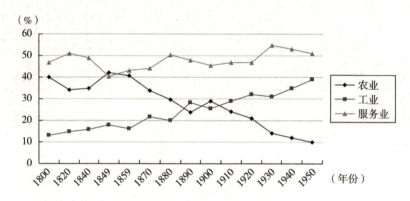

图 4 - 1　1800～1950 年美国三次产业产出比重变化趋势

资料来源：根据表 4 - 1 数据绘制。

（二）三次产业就业结构的变化

在工业化初期，美国的农业就业占据绝对主导地位，比重高达 83.5%，服务业就业比重并不高，只有 10.8%，工业则更低，仅有 5.7%。随着工业化进程的不断加快，农业成为劳动力转出的唯一部门，大量剩余劳动力从农业转移出来后分别流向工业和服务业，导致农业的就业比重不断下降，工业和服务业的就业比重显著上升。在 1800～1950 年，农业就业比重急剧下降了 70.2 个百分点，其中工业吸纳了 30% 的劳动力，服务业则分流了 40.2% 的劳动力。即使在整个工业化进程中，服务业的就业比重始终是要高于工业的就业比重，但在工业化早期和中期，即在1880年以前，工业就业比重的增长要快于服务业，两者就业比重的差距在逐步缩小，1870年两者已非常接近，1910年以后差距又逐渐开始拉大，服务业吸纳就业的速度明显要快于工业（见图4-2）。究其原因，笔者认为19世纪美国处于工业化的第一、第二阶段，以消费资料工业居多，主要是依靠劳动密集型的制造业来推动，如纺织工业，所以工业部门能够吸纳更多的劳动力。进入20世纪后，美国开始进入工业化的第三、第四阶段，由于科学技术的进步与发展，资本资料工业（如重化工业）逐渐占据主导地位，工业更多采用新技术、新工艺来提高劳动生产率，这个时期的工业化主要依靠劳动节约型的制造业来推动。这在就业结构变化上就表现为19世纪时工业吸纳从农业部门转移出来的剩余劳动力较快，而到20世纪则明显放缓，而服务业的就业结构变化则恰好相反。在表4-1中可以明显地看到这一变化特征：1800～1900年，工业的就业比重上升了4倍多，同期服务业的就业比重只上升了2倍。在1900～1950年，工业的就业比重只提高了7.7个百分点，而服务业就业比重却提高了19.7个百分点，大大超过同一时期工业就业比重的上升幅度。总的来说，工业化时期美国三次产业就业结构变动都很大，其中农业就业比重急剧下降，工业、服务业就业比重则明显上升，服务业就业比重比工业就业比重增幅更大。

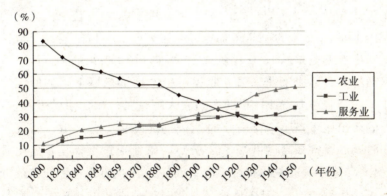

图4-2　1800～1950年美国三次产业就业比重变化趋势

资料来源：根据表4-1数据绘制。

传统的产业结构变动理论认为，在工业化的过程中，从农业转移出来的劳动力主要是被工业行业所吸纳，服务业在工业化的过程中是次要的，也就是说工业才是国民经济的主导行业。现在有许多经济学家却并不认同这种观点。如布劳德伯利（Broadberry，1998）认为，即使是在工业化革命时期，英国的优势产业不是制造业而是商业和金融业。黄少军（2000）也认为，在工业化初期，服务业实际上已经在许多国家占据了与制造业相当或者还要高的比重，在工业化的过程中，劳动力也至少是等量地向服务业和工业转移。欧洲发达国家产业结构的历史演变也证实了欧洲国家服务业在起飞时期均处于较高的水平。从本书美国在工业化时期三次产业结构变动的实例来看：在工业化早期，服务业在美国国民经济的比重是大大高于工业比重的，也高于农业的比重。在整个工业化时期，服务业的产出比重自始至终都是高于工业的。在工业化的进程中，60%的农业剩余劳动力是流向服务部门，而流入工业部门的只有40%。以上这些实证表明，早期发展经济学家依据二元经济结构模型提出的"工业化"理论、"配第—克拉克定理"对工业化过程中劳动力转移规律的归纳至少是不够严谨的。

（三）三次产业相对生产率的变化

在整个工业化时期里，美国三次产业的产出结构和就业结构发生了很大变化，致使三次产业的相对生产率的变动也相对剧烈、变幅较大，尤其是工业和服务业的相对生产率下降幅度非常大。其中，工业的相对生产率由1880年的2.28下降到1950年的1.09，下降了将近1.2倍；服务业相对生产率更是从1880年的4.35下降到1950年的1，下降了4.35倍。显而易见，造成工业、服务业相对生产率的急剧下降的原因，主要是由于工业、服务业就业比重的增幅大大超过其产出比重的增幅。例如，服务业的产出比重在整个工业化时期仅提高了4个百分点，而就业比重在同一时期的增幅却高达40.2个百分点，就业比重增幅是产出比重增幅的10倍。具体三次产业的相对生产率而言，农业的相对生产率最低，一直在0.47~0.75波动，但在整个工业化时期，农业的相对生产率是在波动中呈现出上升趋势。这表明在工业化的进程中，从农业部门转移出来的劳动力比重要快于农业产出比重的减少，因而引发农业的相对生产率总体保持上升趋势。服务业的相对生产率在三次产业中最高，直到1940年以后才被工业的相对生产率所超出，而且在19世纪下降的幅度明显要大于20世纪以来的下降的幅度。工业的相对生产率在19世纪也是显著下降的，但进入20世纪后反而呈现出缓慢增长的趋势，这似乎也验证了笔者对美国工业就业的推断：19世纪美国的工业化主要是依靠劳动密集型的制造业所推动，因而在这个阶段工业吸纳了较多的劳动力，故造成相对生产率的大幅度下降；进入20世纪以来，由于科学技术的进步与广泛应用，工业更多的是采用新技术而不是增加劳动力来提高生产率，这个时期的工业化主要是依靠劳动节约型的制造业来推动，工业吸纳劳动力的数量在减少，就业比重缓慢增长，而产出比重依然保持强劲的增长势头。因此，美国工业的相对生产率在19世纪是大幅度下降的，而进入20世纪却呈现出缓慢上升的趋势。

　　总体来说，在美国工业化的150多年的时间里，三次产业相对生产率的变动主要体现在工业、服务业的变化上，即两者的相对生产率在19世纪的100年里是大幅度下降的，20世纪前50年，服务业相对生产率降幅明显减缓，而工业的相对生产率却呈现缓慢上升趋势。农业的相对生产率始终在波动中呈上升趋势。三次产业相对生产率之间的差距不断缩小，特别是工业与服务业相对生产率的差距越来越小，从图4－3中可以明显地看出这种趋势，这一变化趋势与库兹涅茨、钱纳里等人的实证研究结果也是不谋而合的。

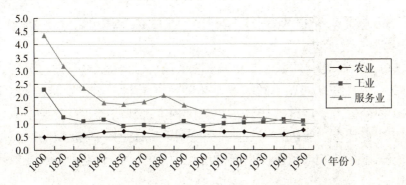

图4－3　1800～1950年美国三次产业相对生产率变化趋势

资料来源：根据表4－1数据绘制。

钱纳里、艾尔金顿、西斯姆（1970）以 1964 年不变价美元分别计算了当人均 GNP 从 100～3000 美元时国民经济三次产业的相对生产率，得出了农业的相对生产率有所上升，工业、服务业的相对生产率大幅度持续下降，其中本来相对生产率较高的产业下降幅度更大，结果使三次产业之间的相对生产率差距不断缩小，尤其是工业和服务业的相对生产率逐渐趋同的结论。人均 GNP100～3000 美元时正好是处于美国的工业化阶段。

库兹涅茨（1971）则在钱纳里等研究的基础上通过对更大样本数据的分析，计算了 59 个国家三次产业的产值比重、就业比重并由此得出三次产业的相对生产率，结果发现：按 1958 年不变价美元计算，当人均 GDP 从 70 美元增长到 1000 美元时，（1）三大产业中，农业的相对生产率最小，且相对生产率的值低于 1，工业次之，服务业的相对生产率最大，且工业、服务业相对生产率的值均大于 1。（2）农业与工业、服务业的相对生产率差距不断缩小。在人均收入处于较低水平时，工业、服务业的相对生产率较高，农业的相对生产率较低。随着人均收入水平逐渐提高，农业的相对生产率一般是上升的，而工业、服务业的相对生产率是下降的，三大产业相对生产率之间的差距趋于不断缩小。（3）工业、服务业的相对生产率差距也是趋于缩小的。在人均收入水平较低时，服务业的相对生产率一般高于工业；随着人均收入水平的上升，工业的相对生产率的下降幅度小于服务业的下降幅度，两者相对生产率之间的差距趋于缩小。可以说，库兹涅茨的研究进一步证实了钱纳里、艾尔金顿、西斯姆的研究结果。

二、后工业化时期美国三次产业相对生产率的变化分析

"后工业社会"的概念是由美国社会学家丹尼尔·贝尔（1974 年）研究社会形态变迁问题时首先提出来的。贝尔在《后工业社会的来临》一书中明确提出了经济发展的三个阶段理论，即前工业社会、工业化社会和后工业社会。他认为后工业社会的基本特征之一是服务化社会，[①] 服务产值与服务就业增长已占据经济增长的主导，社会生产与消费都不再

---

① 贝尔的"后工业社会"中所指的"服务业"是狭义服务业，它既不包括传统服务业，也不包括与物质产品生产紧密相关的服务业，是"纯粹服务"，即指医疗、教育、研究和政府。

以物质产品为主，而是以服务产品为主，且这一特征不是外生的，是因为服务需求的上升趋势与服务业生产率相对低下所导致的服务供给不足的矛盾决定的。实际上，贝尔的"后工业社会"就是富克斯所指的"服务经济"时代、加尔布雷斯的"丰裕社会"（新工业国）或罗斯托的"高消费社会"。表4-2列出了美国1970~2004年三次产业的产出结构、就业结构及相对生产率的变化，在此阶段正好处于贝尔的"后工业社会"阶段。

表4-2　　1970~2004年美国三次产业的产出、就业结构及相对生产率

年份	产出构成（%）			就业构成（%）			相对生产率		
	Ⅰ	Ⅱ	Ⅲ	Ⅰ	Ⅱ	Ⅲ	Ⅰ	Ⅱ	Ⅲ
1970	3.0	38.0	59.0	4.3	31.0	64.7	0.70	1.23	0.91
1971	3.0	37.3	59.7	4.2	30.8	65.0	0.71	1.21	0.92
1972	3.2	37.2	59.6	4.2	30.3	65.5	0.76	1.23	0.91
1973	4.0	36.9	59.2	4.1	30.7	65.2	0.97	1.20	0.91
1974	3.9	36.5	59.5	4.1	30.2	65.7	0.95	1.21	0.91
1975	3.6	35.9	60.4	4.0	29.1	66.9	0.90	1.23	0.90
1976	3.2	36.5	60.3	3.9	31.1	65.0	0.82	1.17	0.93
1977	3.2	36.9	60.1	3.7	31.1	65.2	0.86	1.19	0.92
1978	3.2	36.6	60.2	3.7	31.4	64.9	0.86	1.17	0.93
1979	3.0	34.5	62.6	3.3	28.7	68.0	0.91	1.20	0.92
1980	2.5	32.0	65.5	2.7	26.5	70.7	0.93	1.21	0.93
1981	2.5	31.7	65.8	2.6	26.3	71.1	0.96	1.20	0.93
1982	2.3	30.4	67.3	2.7	25.1	72.2	0.87	1.21	0.93
1983	1.9	29.8	68.3	2.5	24.6	72.9	0.76	1.21	0.94
1984	2.2	29.9	67.9	2.4	24.9	72.7	0.92	1.20	0.93
1985	2.0	29.1	68.8	2.3	24.4	73.4	0.87	1.19	0.94
1986	1.9	28.2	69.9	2.2	23.8	74.0	0.86	1.18	0.94
1987	2.0	28.1	69.9	2.2	23.3	74.5	0.91	1.21	0.94
1988	1.9	27.8	70.4	2.1	23.0	74.9	0.90	1.21	0.94

续表

年份	产出构成（%）			就业构成（%）			相对生产率		
	I	II	III	I	II	III	I	II	III
1989	1.9	27.5	70.6	2.0	22.6	75.3	0.95	1.22	0.94
1990	1.9	26.7	71.5	2.0	22.1	75.9	0.95	1.21	0.94
1991	1.6	25.7	72.6	2.0	21.3	76.7	0.80	1.21	0.95
1992	1.7	25.1	73.2	2.0	20.8	77.2	0.85	1.21	0.95
1993	1.6	25.0	73.4	1.9	20.6	77.5	0.84	1.21	0.95
1994	1.6	25.4	73.0	2.1	20.4	77.5	0.76	1.25	0.94
1995	1.4	25.4	73.3	2.0	20.2	77.8	0.70	1.26	0.94
1996	1.6	25.1	73.4	1.9	20.1	78.1	0.84	1.25	0.94
1997	1.4	25.0	73.6	1.8	20.0	78.2	0.78	1.25	0.94
1998	1.3	24.9	73.7	1.7	20.1	78.2	0.76	1.24	0.94
1999	1.2	24.6	74.2	1.7	19.7	78.6	0.71	1.25	0.94
2000	1.2	24.5	74.3	1.7	19.7	78.6	0.71	1.24	0.95
2001	1.2	23.3	75.6	1.7	19.1	79.2	0.71	1.22	0.95
2002	1.0	22.6	76.3	1.7	18.2	80.0	0.59	1.24	0.95
2003	1.2	22.4	76.4	1.7	17.7	80.5	0.71	1.27	0.95
2004	1.3	22.3	76.4	1.7	17.7	80.7	0.76	1.26	0.95

注：I 代表农业，II 代表工业，III 代表服务业。

资料来源：1970～1979 年数据来自《1995 年国际统计年鉴》，其余年份数据根据荷兰格罗宁根大学增长与发展研究中心网站（http：//www.ggdc.net/dseries）相关数据计算整理。

（一）三次产业产出结构的变化

从表 4-2 中可以看到，随着美国后工业社会的来临，农业的产出比重越来越小，在整个国民经济中的地位已微不足道，产出比重由 1970 年的 3% 下降到 2004 年的 1.3%。工业的产出比重也在逐年缓慢下降，35 年来下降了 15.7 个百分点，但每年降幅都不大，年平均降幅在 0.02%。服务业的产出比重在三次产业中占有较大比重，但仍然保持增长的势头，由 1970 年的 59% 上升到 2004 年的 76.4%，服务业在国民经济中具有举足轻重的地位，这也标志着美国进入了"服务经济"时代。

　　与工业化阶段三次产业的产出结构变化相比，农业的产出比重虽然继续保持下降趋势，但降幅显著减缓，比重发生微弱的减少；工业的产出比重不再增长，而是在逐年下降，降幅达15.7个百分点；服务业产出比重的增长幅度明显加快，短短的35年时间，服务业的产出比重上升了17.4个百分点，增幅是长达150年工业化时期服务业产出比重增幅的4倍还要多。在三次产业的产出比重变化曲线上也可以明显看出（见图4-4）这种变化趋势：在后工业时期，美国三次产业的产出变化曲线明显比工业化时期三次产业的产出变化曲线平缓得多，并不像工业化时期三次产业的产出曲线那样大起大落，跌宕起伏，三条曲线变化单调，互不交叉。其中，农业产出曲线缓慢下降，降幅不大；工业产出曲线在1978年后下降的幅度明显要大一些，但基本保持比较平稳的下降趋势；服务业的产出曲线则平稳上升，1978年以后上升幅度增大。因此，在后工业社会时期，美国三次产业产出结构的变化主要表现在工业产出比重的逐步下降和服务业产出比重的稳步提升，三次产业产出比重的变化显得比较平稳、温和。

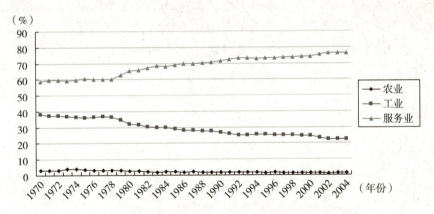

图4-4　1970~2004年美国三次产业产出比重变化趋势

资料来源：根据表4-2数据绘制。

（二）三次产业就业结构的变化

　　在后工业社会时期，美国三次产业的就业结构变动与产出结构变动几乎保持同样的变化趋势：农业的就业比重很小并且仍呈现缓慢的下降，从 1970 年的 4.3% 降到 2004 年的 1.7%（见图 4－5）；工业的就业比重也在不断降低，35 年来下降了 13.3 个百分点，降幅稍慢于同时期工业产出比重的下降幅度；服务业的就业不仅占有很高的比重，而且仍然保持增长的趋势，即农业、工业部门就业下降的份额全部被服务业所吸纳，35 年里就业比重增长了 16 个百分点，略低于同期服务产出比重的增长幅度。2002 年以后，服务业的就业比重已经占到全部就业比重的 4/5。相比较而言，后工业化时期，三次产业就业比重的变化程度显然不如工业化时期那样剧烈波动：农业的就业比重虽然持续下降，但降幅很小，只下降了 2.6 个百分点，而在工业化时期农业的就业比重整整下降了 70.2 个百分点；工业的就业比重没有继续保持工业化时期的上升趋势，而是呈现下降，但下降的幅度显然没有工业化时期上升的幅度大；服务业的就业比重在后工业化时期仍然保持上升的势头，但增幅明显不如工业化时期的那么大，工业化时期服务业的就业比重大大提高了 40.2 个百分点，而进入后工业化社会的 35 年里，其就业比重仅增加了 16 个百分点，还不到工业化时期增幅的一半。这表明美国在进入服务经济时代后，服务业产出比重的大幅提高并未伴随就业比重的显著增加，两者的增幅基本接近。反而在工业化的过程中，随着工业产出比重的大幅度增加，服务业的就业比重也随之大比例提高，两个时期就业比重的不同变化势必影响到各自相对生产率的不同变化。

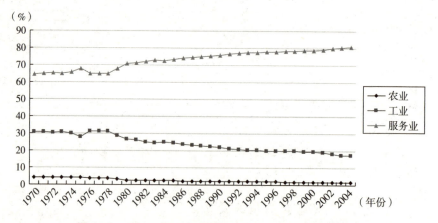

图 4－5 1970～2004 年美国三次产业就业比重变化趋势

资料来源：根据表 4－2 数据绘制。

　　为此，笔者提供了一个可能的理论解释：美国在工业化早期，服务业就已经占据国民经济相当高的比重，不过那时的服务业主要是以商贸流通业和个人服务业为主的传统服务业，属于劳动密集型产业，能够吸纳众多从农业中转移过来的剩余劳动力，但服务业的生产率增长缓慢。随着工业化进程的加速，工业的产出在国民经济中的比重越来越高，而服务业由于低增长的生产率导致产出增长十分缓慢，但就业比重却迅速上升，在整个工业化时期服务业就业比重的增幅是其产出比重增幅的 10 倍。进入后工业化社会以来，服务业的内部结构发生了显著变化，传统服务业的比重不断下降（包括产出和就业比重，原因有三：一是部分传统服务正在被机器的工作所替代，如家庭劳动被家用电器替代。二是传统服务被现代服务替代，例如传统的交通工具马车被现代化的交通工具汽车取代后，出现了出租车、汽车修理、公共交通服务等新的服务行业，替代了传统的马车夫和养马仆人的服务。三是家庭服务的外部化，如越来越多的家庭将衣服拿到外面专业的洗衣店干洗），服务业的发展主要表现在金融、保险、房地产、商务服务、信息产业等现代服务部门的增长，属于资本密集型或是技术密集型，生产率提高得较快。由于资本和技术在一定程度上可代替相应的劳动力，随着这些服务行业的快速发展，因而对劳动力的需求就不会显著增加；而且，现代服务部门对人才的需求层次较高，需要劳动者拥有较高的专业知识或者劳动技能，这也在一定程度上阻止了低层次劳动力流向这些现代服务部门就业。因此，在后工业化时期，服务业的就业增长速度不如服务产出的增长速度。

（三）三次产业相对生产率的变化

　　在后工业化阶段，由于美国三次产业的产出比重与就业比重保持同方向递增或递减变化，因此，三次产业的相对生产率的变动上就显得相对平稳，尤其是服务业的变动最为稳定，变化区间在 0.90～0.95 波动，35 年来呈微弱的上升趋势。工业相对生产率的变动幅度也比较小，变化区间在 1.17～1.27，总体上也呈现微弱的上升趋势。农业相对生产率的变化幅度显然要比工业和服务业更大，除了个别年份的较高值和较低值外，大部分年份都在 0.70～0.95 变动。与工业化时期三大产业的相对生产率相比，农业的相对生产率得到明显提高，工业的相对生产率也比工业化时期的大部分年份都高。实际上，在 19 世纪工业的相对生产率一直处于下降的趋势，但 20 世纪以来却呈现缓慢增长，只不过 20 世纪70 年代以前增幅较大，而进入后工业社会以来，增幅很小。服务业的相对生产率显然要比工业化时期低，工业化时期服务业的相对生产率均大于 1，后工业化社会，服务业的相对生产率虽然低于 1，但已经非常接近 1。

后工业化时期，三次产业相对生产率的平稳变动与其三次产业的产出、就业结构变动的相对稳定有着直接的因果关系。在工业化阶段，由于工业得到超常规发展，致使三次产业的产出、就业结构发生剧烈变化，表现为农业产出比重大幅度下跌，工业产出比重大幅上升，大量农业剩余劳动力流向工业和服务业，引起工业和服务业就业比重的大幅攀升，三次产业结构之间的剧烈变化直接导致三次产业相对生产率的大幅变动。进入 20 世纪 70 年代以来，美国三次产业结构的变化逐渐趋于平缓，由于现代服务业的兴起与繁荣发展，服务业的产出比重平稳上升，并伴随着服务业就业比重的稳定上升；工业的产出比重、就业比重平缓下降；农业的产出比重、就业比重小幅下降。产业结构的平稳变化体现在三次产业相对生产率的平缓变化上：工业、服务业的相对生产率微弱上升；农业除个别年份外，变动幅度也不如工业化时期那么剧烈（见图 4-6）。

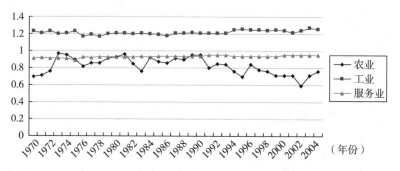

图 4-6　1970～2004 年美国三次产业相对生产率变化趋势

资料来源：根据表 4-2 数据绘制。

　　具体地，就三次产业相对生产率的变化而言，服务业表现最为稳定，工业次之，农业变动幅度最大。农业相对生产率变动较大的原因主要有两点：一是农业受自然环境和气候变化的影响大，容易形成丰年和灾年。在风调雨顺的年份，农业生产大丰收，产出迅猛增加，相对生产率自然要上升；而在遭受自然灾害严重的年份里，农业歉收，产出减产厉害，相对生产率自然锐减。二是随着农业劳动生产率的提高，农业部门会产生大量剩余劳动力。这些劳动力在农闲时会从事第二、第三产业的短期工作，而农忙时节又回到农村务农，农业的劳动力变化较大，从而导致农业的就业比重变化频繁，因此相对生产率受其影响，也跟着就业比重的变化而变化。服务业相对生产率的变动较工业更为稳定，主要原因在于工业尤其是以出口为导向的加工制造业的增长容易受商业存货、国际贸易和宏观经济环境的影响，周期性特征比较突出，而服务业的发展一般不存在这个问题，受景气循环的影响较小，很多服务业的需求在经济衰退时仍保持相对稳定。例如，美国经济在 1991 年增长放慢时，制造业产出下跌了 3.4%，而服务业的产出一点也没有倒退。日本在上一次经济衰退中，制造业产出下跌了 13.5%，服务业产出仅下滑了 2%，而德国这两个产业的产出分别下降了 11% 和 0.2%。20 世纪 90 年代以来美国经济之所以取得了令日本和西欧瞩目的增长业绩，经济服务化（服务业在 GDP 和就业中均占 80%）被认为是最重要的原因之一。[①]

　　服务业相对生产率的稳定变化在一定程度上也证实了富克斯的观点，即服务业对国民经济具有"稳定器"的功能，周期性变化较小。富克斯在其《服务经济学》著作中曾描述道，"服务经济的发展最使人感兴趣的一个方面就是它展示了一个前景，即它在商业周期中将会日益稳定"。[②] 这种稳定性不仅表现在服务部门的生产比工业部门稳定，而且服务部门的就业较之工业部门也更为稳定。服务部门生产的稳定首要归功于服务

---

　　① 郭克莎：《总量问题还是结构问题？——产业结构偏差对我国经济增长的制约及调整思路》，载于《经济研究》1999 年第 9 期，第 15 ~ 21 页。
　　② 富克斯著，许微云、万慧芬、孙光德译：《服务经济学》，商务印书馆 1987 版，第 177 页。

产品的不可储存性，"物品的耐用性看来是对周期波动最有影响的因素"。[①] 对于耐用消费品而言，实际的消费取决于消费者手中的现货，而不是取决于新物品的购买率。但对于服务产品来说，由于服务产品不能储存，故消费和产出必然一致，因而避免了因商号和顾客增加或减少其存货的速度变化而造成的产值的上下波动。

在商业周期中，服务部门就业的稳定性甚至比其生产更为稳定。富克斯认为：首先，服务部门有大量的"个体经营者"，这些人员的就业几乎不会受到生产周期性波动的影响。其次，服务部门中领薪金的雇员的作用比按小时计算工资的雇员的作用大，而这种差异在服务生产中比在货物生产中要大得多。再次，服务部门工作人员的文化程度要比工业部门工作人员高，因而雇佣服务部门工作人员的花费也会更多。这也就意味着在预期很短的经济衰退时期，对服务部门工作人员的解雇或免职不会太多。最后，服务部门的非营利组织比工业部门的这种组织起着更大的作用，公共的和私人的非营利组织的就业人数在服务部门中占其就业总人数的1/3以上，但在工业部门，只占到很小的比例。这些人员很少受到商业周期波动的影响，就业更为稳定。

富克斯不但定性分析了服务部门的生产和就业比工业部门更为稳定，在商业周期中波动性小的特点，而且他还利用美国1947～1965年的月份数据，对服务业的产值和就业的波动幅度进行了实证分析，并与制造业进行了比较。其实证方法是分别通过计算扩张期和收缩期的平均变化率，以相邻两个阶段（一个扩张期或一个收缩期为一个阶段）的变化率之差来衡量周期趋势的实际变化幅度，将所有可能的相邻阶段的变化率之差求得平均数，最终得出周期趋势的平均变化值，作为反映波动幅度的指标。采用此方法，富克斯计算出金融保险房地产业、批发零售业、社会服务及政府服务等服务部门就业人数的周期趋势平均变化净值为2.1，要远小于制造业的13.3。同样的方法应用于产值方面的计算，但限于数据的缺乏，富克斯只对批发零售业与制造业的产值波动做了详细比较。这些行业的产值波动都比就业波动大得多，但

---

① 韦斯利·C·米歇尔：《进度考察报告：商业周期发生什么情况》，美国经济研究所出版1941版，第115页。

是制造业的产值变化（20.5）仍然比批发零售业（8.5）表现出更大的周期性波动。①

此外，富克斯还具体测算了在商业周期中服务部门和工业部门就业人数的变化情况。在商业周期中，整个服务部门的就业人数每年平均变化率在扩张时期为 +2.9%，在收缩时期为 +0.7%；而工业部门就业人数每年平均变化率在扩张时期是 +3.2%，而在收缩时期则为 -8.3%。很明显，即使是在商业萧条时期，服务部门的就业仍然表现得更为稳定，就业人数始终绝对增加，而工业部门的就业波动很大，人数下降得非常厉害。因此，服务部门产出和就业的稳定性决定了其相对生产率变化的稳定。

于丹（2007）② 选取 1979～2003 年美国 60 个产业的增加值和就业的年度数据，从相关性和协同性两个方面实证分析了服务业发展水平和波动性对经济增长和经济周期波动的影响，并将服务业的波动性与国民经济、工业的波动性进行详细的比较。其实证方法是首先利用 Hodrick - Prescott 滤波法（或称 HP 虑子）有效地将时间序列分解成长期性趋势和周期性波动两个部分；其次，用周期性波动部分的标注差和相对标注差（与国民经济的标准差比较）衡量波动性和相对波动性；最后，比较前后 4 年服务业（或工业）与国民经济的交叉相关系数，取最大值以确定二者波动的协同性。在此实证检验的基础上，于丹得出了三点结论：第一，无论是国民经济、服务业还是工业，三者的就业增长率波动幅度都小于各自的增加值增长率的波动幅度，这表明就业比产出更具稳定性。第二，从国民经济、服务业和工业三者的波动性比较来看，无论是增加值增长率还是就业增长率，服务业的波动幅度最小，分别为 0.013 和 0.010；国民经济的波动幅度次之，分别为 0.018 和 0.013；工业的波动性最大，其增加值增长率的波动为 0.031，就业增长率的波动为 0.025。而且，服务业的增加值和就业增长率的相对波动性都只有国民经济的 0.767，而工业的相对波动性则分别是国民经济的 1.778 和 1.994。这说明了服务业确实

①　于丹：《美国服务业的经济'稳定器'作用及其对中国的启示》，载于《世界经济研究》2007 年第 5 期，第 77 页。

②　于丹：《服务业经济'稳定器'作用研究》，中山大学管理学院，博士论文，2007 年。

表现出比工业更加稳定的特征，其对国民经济具有"稳定器"作用。第三，从波动的一致性和同步性角度看，服务业和工业都大体上表现出顺周期性和同步性。

服务业的周期性变化较小，对经济具有"稳定器"的作用不仅表现在其产出和就业变化较小，而且也体现在其相对生产率的变动相对于农业、工业更为稳定，波动更小。为了更清晰地刻画出服务业相对生产率的长期变化趋势，本书利用 Hodrick – Prescott 滤波法（或称 HP 滤子）有效地从产业相对生产率的时间序列变化中分离出趋势成分，数据采取 1970～2004 年美国服务业的相对生产率的年度数据。为了增加可比性，对农业、工业的相对生产率也作了 Hodrick – Prescott 滤波法分析，数据同样是 1970～2004 年的年度数据。采用 Hodrick – Prescott 滤波法可以分离出相对生产率变化中的趋势成分，以时间序列 $Y = \{y_1, y_2, \cdots, y_n\}$ 为例，长期趋势部分 $\hat{y}_t^p$ 即是下式最小化问题的解（Hodrick and Prescott, 1980）。

$$\min \sum_{t=1}^{N} (y_t - \hat{y}_t^p)^2 + \lambda \sum_{t=1}^{N} [(\hat{y}_{t+1}^p - \hat{y}_t^p) - (\hat{y}_t^p - \hat{y}_{t-1}^p)]^2 \quad (4-1)$$

其中，N 表示样本数量，λ 为平滑参数，用于调节趋势的拟合性与平滑性之间的平衡，表示在这种分解中长期趋势和周期性波动所占的权数。λ 越高，则相对生产率的长期部分的变化就被赋予越高的权重，由此利用相对生产率长期数据描绘出的曲线就越平滑，所以相对生产率的周期数据的波动也就越剧烈。图 4 – 7 是美国三次产业相对生产率的滤波趋势，从图中可以明显看出，服务业的相对生产率在三次产业中的波动最为平稳，变动幅度在 0.88～0.96；工业的波动次之，在 1.16～1.28 波动；农业相对生产率变动幅度最大，变动范围在 0.50～1.00。

三、美国服务业内部行业相对生产率的变化分析

服务业是一个"大而杂"的行业，异质性强，涵盖范围广，包含行业多。不同行业在经济发展的不同阶段会表现出不同的变化趋势，在服务业中的地位和所起的作用也有所不同。因此，对服务业内部行业的相对生产率进行深入分析并总结出其变化的一般规律是十分必要的。

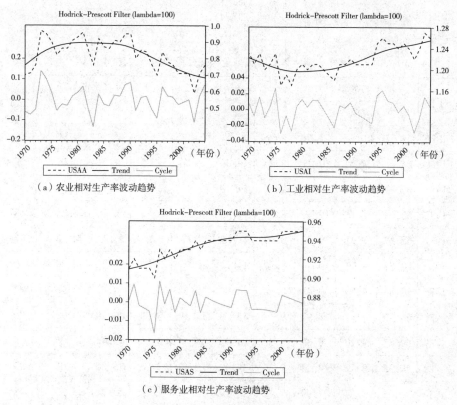

（a）农业相对生产率波动趋势　　　　　　（b）工业相对生产率波动趋势

（c）服务业相对生产率波动趋势

图4 - 7　1970～2004年美国三次产业相对生产率波动趋势

资料来源：根据表4 - 2数据绘制。

　　本书第一章第五节曾对服务业内部行业的归类和数据来源作过说明。表4 - 3和表4 - 4中的数据系作者在荷兰格罗宁根大学增长与发展研究中心产业数据库按 ISIC - Rev.3 标准公布数据的基础上，参照辛格曼和艾弗林的四分法计算整理而成的。考虑到其他服务业似乎很难归入到别的合适的层次，因此本书将其独立为一类，故对美国服务业内部行业分为流通类服务业、生产类服务业、个人服务业、社会类服务业和其他服务业等五大类。其中，流通类服务业包括交通运输仓储通信业、批发零售贸易业；生产类服务业包括金融保险业、房地产业、租赁和商务服务业；个人服务业包括住宿餐饮业；社会类服务业包括教育业、卫生和社会工作、公共管理服务业；其他服务业包括其他社会团体、其他社会和私人服务、家庭雇佣服务等。

表 4-3　　　　1979~2004 年美国服务业内部分层次的产出结构　　　　单位:%

年份	A	流通类服务业		生产类服务业			个人服务业	社会类服务业		其他服务业
		B	C	D	E	F		G	H	
1979	64.31	10.75	21.61	8.26	13.61	8.69	3.98	16.34	14.90	3.60
1980	65.65	10.51	20.71	8.45	14.09	8.93	3.85	14.91	15.01	3.55
1981	65.81	10.52	20.42	8.64	14.20	9.09	3.81	14.88	14.88	3.55
1982	67.34	10.03	19.47	8.73	14.45	9.38	3.86	15.28	15.25	3.55
1983	68.37	9.97	19.28	8.97	14.62	9.77	3.82	15.17	14.73	3.67
1984	67.87	9.70	19.46	8.92	14.72	10.29	3.76	14.76	14.68	3.70
1985	68.84	9.50	19.43	8.82	14.80	10.67	3.77	14.67	14.58	3.77
1986	69.90	9.32	18.92	9.18	14.75	11.10	3.76	14.79	14.32	3.86
1987	69.88	9.20	18.33	9.26	14.45	11.50	3.69	15.44	14.28	3.86
1988	70.35	8.92	18.23	9.20	14.42	12.17	3.73	15.36	14.05	3.92
1989	70.61	8.57	17.99	9.12	14.29	12.66	3.7	15.71	13.89	4.08
1990	71.47	8.37	17.23	9.20	14.20	13.08	3.65	16.20	13.85	4.21
1991	72.62	8.44	16.67	9.68	14.02	12.60	3.58	16.78	14.04	4.19
1992	73.19	8.44	16.49	9.86	13.95	12.79	3.52	16.92	13.74	4.29
1993	73.41	8.54	16.62	10.02	13.87	12.80	3.53	16.89	13.43	4.31
1994	72.98	8.76	17.02	9.79	13.84	12.94	3.51	16.80	13.10	4.24
1995	73.26	8.66	16.90	10.13	13.93	13.18	3.48	16.72	12.74	4.27
1996	73.36	8.59	17.00	10.36	13.79	13.77	3.48	16.39	12.34	4.28
1997	73.60	8.41	17.00	10.90	13.73	14.32	3.56	15.95	11.89	4.24
1998	73.73	8.29	16.74	11.11	13.62	14.65	3.60	15.86	11.56	4.57
1999	74.20	8.30	16.71	11.07	13.70	15.07	3.55	15.65	11.25	4.69
2000	74.31	8.22	16.27	11.42	13.74	15.14	3.59	15.72	11.14	4.75

续表

年份	A	流通类服务业		生产类服务业			个人服务业	社会类服务业		其他服务业
		B	C	D	E	F		G	H	
2001	75.56	7.98	16.10	11.43	14.16	14.88	3.46	16.16	11.10	4.73
2002	76.34	7.63	15.95	11.45	14.03	14.52	3.49	16.67	11.37	4.88
2003	76.42	7.50	15.77	11.73	13.94	14.31	3.49	16.85	11.52	4.89
2004	76.35	7.46	15.93	11.50	14.16	14.46	3.50	16.71	11.35	4.94

注：A 代表服务业占 GDP 比重；B~H 代表服务业内部各分支部门增加值占服务业比重；其中 B 代表交通运输通信业，包括内陆交通、水陆交通、空运交通、辅助性的交通活动、旅游机构的交通活动、通信业；C 代表批发零售贸易业，包括汽车和摩托机车的保养修理和销售、汽车燃料的零售、批发贸易、零售贸易；D 代表金融保险业，包括金融中介活动、保险和养老基金、金融中介的辅助活动；E 代表房地产业；F 代表租赁和商务服务业，包括机器和装备的租赁、计算机和相关活动、研究开发、法律服务、技术服务和广告服务、其他商务服务；G 代表教育卫生服务业和其他社会工作；H 代表公共管理服务业，包括公共管理业、国防、强制性的社会安全；个人服务业主要包括住宿餐饮业；其他服务业，包括其他社会团体、其他社会及私人服务、雇佣员工的私人家庭等。

资料来源：笔者根据 http：//www.ggdc.net/dseries/网站数据计算而得。

表 4 - 4　　　　　1979~2004 年美国服务业内部分层次的就业结构　　　单位：%

年份	A	流通类服务业		生产类服务业			个人服务业	社会类服务业		其他服务业
		B	C	D	E	F		G	H	
1979	70.01	7.90	24.28	5.44	1.63	8.23	9.70	24.50	11.89	6.43
1980	70.74	7.74	24.04	5.58	1.63	8.50	9.62	24.74	11.74	6.41
1981	71.08	7.63	24.05	5.73	1.58	9.11	9.79	24.79	10.94	6.39
1982	72.19	7.43	23.96	5.84	1.57	9.49	9.93	24.94	10.40	6.44
1983	72.87	7.06	23.94	5.86	1.63	10.02	10.09	24.78	10.27	6.36
1984	72.70	7.05	24.28	5.83	1.65	10.61	10.23	24.30	9.78	6.27
1985	73.39	6.85	23.96	5.79	1.68	11.33	10.19	24.43	9.41	6.37
1986	74.01	6.74	23.85	5.97	1.67	11.66	10.16	24.49	9.13	6.33
1987	74.51	6.68	23.67	6.02	1.71	12.11	10.12	24.41	8.94	6.36
1988	74.88	6.66	23.54	5.91	1.71	12.58	9.99	24.39	8.77	6.46

续表

年份	A	流通类服务业		生产类服务业			个人服务业	社会类服务业		其他服务业
		B	C	D	E	F		G	H	
1989	75.31	6.56	23.43	5.75	1.68	12.94	9.88	24.59	8.61	6.55
1990	75.93	6.31	22.94	5.66	1.61	13.18	9.67	25.29	8.62	6.71
1991	76.66	6.27	22.51	5.61	1.59	13.10	9.58	26.06	8.45	6.83
1992	77.18	6.19	22.14	5.54	1.58	13.18	9.71	26.32	8.50	6.84
1993	77.47	6.15	21.94	5.57	1.58	13.55	9.72	26.33	8.26	6.88
1994	77.53	6.18	21.92	5.50	1.56	13.97	9.63	26.38	8.04	6.82
1995	77.77	6.21	21.91	5.32	1.54	14.40	9.61	26.41	7.69	6.91
1996	78.06	6.24	21.82	5.30	1.54	14.83	9.61	26.33	7.40	6.93
1997	78.22	6.25	21.66	5.30	1.52	15.40	9.53	26.27	7.08	6.98
1998	78.24	6.29	21.50	5.40	1.55	15.52	9.54	26.33	6.85	7.01
1999	78.57	6.30	21.41	5.38	1.53	15.93	9.50	26.27	6.67	7.00
2000	78.65	6.34	21.30	5.35	1.53	15.75	9.56	26.46	6.67	7.04
2001	79.18	6.29	21.17	5.28	1.53	15.30	9.59	27.15	6.57	7.12
2002	80.03	5.99	20.90	5.29	1.54	14.78	9.69	27.87	6.63	7.33
2003	80.54	5.77	20.76	5.34	1.60	14.65	9.77	28.14	6.62	7.35
2004	80.66	5.75	20.57	5.31	1.63	14.88	9.90	28.51	6.52	7.31

注：表中 A 代表服务业占社会就业比重；B～H 代表服务业内部各分支部门就业占服务业比重；其中表中 B 代表交通运输通信业；C 代表批发零售贸易业；D 代表金融保险业；E 代表房地产业；F 代表租赁和商务服务业；G 代表教育卫生服务业；H 代表公共管理服务业。

资料来源：笔者根据 http://www.ggdc.net/dseries/ 网站数据计算而得。

（一）服务业内部行业产出结构的变化

相对服务业单一、平稳的产出变化来说，服务业内部不同行业的产出比重变化明显表现得更为剧烈和复杂。1979～2004 年，服务业的产出比重平稳上升，26 年上升了 12 个百分点，年均上涨 0.66%。在服务业内部，既有产出比重大幅下降的行业，如交通运输通信业、批发零售贸易业、公共管理服务业，这些行业大都属于传统的服务部门；也有产出比重上升较快的行业，如金融保险业、租赁和商务服务业，主要是生产类服务业；还有一些行业的产出比重变化不大，如个人服务业产出比重微弱下降，房地产业、教育卫生服务业以及其他服务业出现不同程度地缓慢上升（见表4-3）。产出比重变化较大的行业也从另一个方面反映了美国服务业内部行业的发展趋势和结构变化趋势，即生产类服务业的产出比重大幅上升和流通类服务业的产出比重大幅下降。生产类服务业从1979的30.56%上升到2004年的40.12%，提高了近10个百分点，而流通类服务业则从32.36%下降为23.39%，降幅达9个百分点。随着美国经济社会的发展，生产类服务业得到快速发展并日益显示其重要性，流通类服务业的产出比重下降则反映其重要性正在减弱。这种变化也反映了美国服务业内部结构的升级趋势，从低级化的结构向高级化结构不断演进，有利于促进服务业内部结构的科学合理。

　　图4-8则更为直观表现了服务业内部分层次产出比重变化趋势：个人服务业和其他服务业长期保持一个较低的比重并且变化平稳；生产类服务业、流通类服务业和社会类服务业则在一个较大比重的基础上变化，在20世纪70年代末80年代初，三者的产出比重几乎持平，随后明显表现出了不同的发展趋势，生产服务业产出比重快速上升，流通服务业显著下降，两者之间的差距在不断拉大；社会服务业产出比重则在两者之间变化，波动较大，但整体呈现下降趋势。

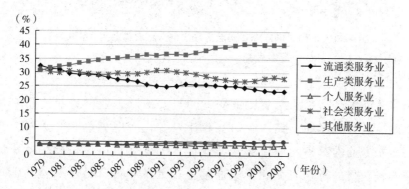

图4-8　1979~2004年美国服务业内部分层次产出比重变化趋势

资料来源：根据表4-3数据绘制。

（二）服务业内部行业就业结构的变化

美国服务业内部行业的就业结构变化基本与其产出结构保持同方向变化，但变动幅度略小于产出比重的变幅。从服务业分层次的就业比重变化来看（见图4-9），生产类服务业就业比重上升趋势明显，增幅达6.5个百分点；流通类服务业就业比重不断下降，降幅为5.9个百分点；社会类服务业的就业比重呈现波浪形变化趋势；个人服务业和其他服务业就业比重几乎保持不变。就业比重份额最大的行业是社会类服务业，2004年的就业比重达到36.4%；其次是流通类服务业，2004年就业比重为26.3%；其他服务业的就业比重最低，2004年仅为7.3%；生产类服务业的就业比重一直稳步上升，2004年达到21.8%，与流通类服务业的就业比重差距越来越小（见表4-4）。

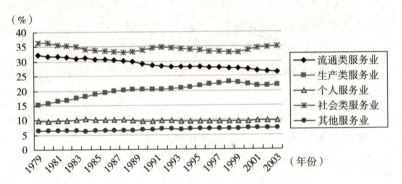

图4-9　1979～2004年美国服务业内部分层次就业比重变化趋势

资料来源：根据表4-4数据绘制。

服务业内部行业的就业比重变化明显要比服务业的就业比重变化更为复杂、更具多样性。服务业的就业比重变化表现为单一的平稳上升趋势，而服务业内部不同的行业其就业比重的变化也不尽一样。就业比重下降比较明显的行业有交通运输通信业、批发零售贸易业和公共管理服务业；就业比重上升较大的行业是租赁和商务服务业、教育卫生服务业。生产类服务业就业比重虽然显著上升，但主要是依靠租赁和商务服务业的就业比重上升所拉动，而金融保险业、房地产业的就业比重变化不明显；社会类服务业的就业比重波动较大，整体呈微弱下降趋势，但其包括的两类服务业却表现出明显不同的变化趋势，即教育卫生服务业的就业比重明显上升，而公共管理服务业就业比重却显著下降，下降幅度要略大于上升幅度。

（三）服务业内部行业相对生产率的变化

服务业内部行业的产出结构与其就业结构变动直接关系到服务业内部行业相对生产率的变动。相对服务业相对生产率单一而平稳的变化趋势来说，服务业内部不同行业的相对生产率的变化不但复杂而且变动幅度较大，既有相对生产率保持上升的行业，也有相对生产率趋于下降和变动幅度不大的行业。

从服务业内部五个层次的相对生产率来看（见表4－5）：生产类服务业的相对生产率最高，个人服务业最低，流通类服务业、社会类服务业比较接近服务业的相对生产率。其他服务业的相对生产率呈上升趋势，社会类服务业的相对生产率先升后降，其他三个层次服务业的相对生产率都出现不同程度的下降，但其包含的具体服务行业不全是保持下降的趋势，有的行业甚至在上升。例如，生产类服务业的相对生产率从1979年的1.83下降到2004年的1.74，但其中的金融保险业和房地产业却保持上升趋势，而且金融保险业的上升幅度还很大，生产类服务业相对生产率的下降主要是由租赁和商务服务业的下降所造成的。

表4－5　　　　　1979～2004年美国服务业内部分层次的相对生产率　　　　单位:%

年份	流通类服务业			生产类服务业				个人服务业	社会类服务业			其他服务业
	I	B	C	II	D	E	F		III	G	H	
1979	0.92	1.25	0.82	1.83	1.39	7.68	0.97	0.38	0.74	0.55	1.15	0.52
1980	0.91	1.26	0.80	1.86	1.41	7.97	0.97	0.37	0.76	0.56	1.19	0.51
1981	0.90	1.28	0.79	1.80	1.40	8.27	0.92	0.36	0.77	0.56	1.26	0.52
1982	0.88	1.26	0.76	1.80	1.40	8.61	0.92	0.36	0.81	0.57	1.37	0.51
1983	0.88	1.32	0.76	1.79	1.44	8.40	0.92	0.35	0.80	0.57	1.35	0.54
1984	0.87	1.28	0.75	1.75	1.43	8.33	0.91	0.34	0.81	0.57	1.40	0.55

续表

年份	流通类服务业			生产类服务业				个人服务业	社会类服务业			其他服务业
	I	B	C	II	D	E	F		III	G	H	
1985	0.88	1.30	0.76	1.71	1.43	8.28	0.88	0.35	0.81	0.56	1.46	0.55
1986	0.87	1.30	0.75	1.71	1.45	8.38	0.90	0.35	0.82	0.57	1.48	0.58
1987	0.85	1.29	0.73	1.67	1.44	7.95	0.89	0.34	0.84	0.59	1.50	0.57
1988	0.84	1.26	0.73	1.66	1.46	7.93	0.91	0.35	0.83	0.59	1.51	0.57
1989	0.83	1.22	0.72	1.66	1.49	7.94	0.92	0.35	0.84	0.60	1.51	0.58
1990	0.82	1.25	0.71	1.68	1.53	8.32	0.93	0.36	0.83	0.60	1.51	0.59
1991	0.83	1.27	0.70	1.69	1.63	8.34	0.91	0.35	0.85	0.61	1.57	0.58
1992	0.83	1.29	0.71	1.71	1.69	8.37	0.92	0.34	0.83	0.61	1.53	0.59
1993	0.85	1.31	0.72	1.68	1.70	8.34	0.89	0.34	0.83	0.61	1.54	0.59
1994	0.86	1.34	0.73	1.64	1.68	8.35	0.87	0.34	0.82	0.60	1.53	0.59
1995	0.86	1.31	0.73	1.65	1.79	8.50	0.86	0.34	0.81	0.60	1.56	0.58
1996	0.86	1.30	0.73	1.65	1.84	8.43	0.87	0.34	0.80	0.59	1.57	0.58
1997	0.86	1.27	0.74	1.65	1.93	8.50	0.87	0.35	0.79	0.57	1.58	0.57
1998	0.85	1.24	0.73	1.94	1.94	8.30	0.89	0.36	0.78	0.57	1.59	0.61
1999	0.85	1.24	0.74	1.65	1.94	8.40	0.89	0.35	0.77	0.56	1.59	0.63
2000	0.84	1.22	0.72	1.68	2.02	8.44	0.91	0.36	0.77	0.56	1.58	0.64
2001	0.84	1.21	0.73	1.75	2.07	8.84	0.93	0.35	0.77	0.57	1.61	0.63
2002	0.84	1.22	0.73	1.77	2.07	8.71	0.94	0.34	0.78	0.57	1.64	0.64
2003	0.83	1.23	0.72	1.76	2.08	8.26	0.93	0.34	0.77	0.57	1.65	0.63
2004	0.84	1.23	0.73	1.74	2.05	8.19	0.92	0.33	0.77	0.56	1.65	0.64

注：表中 I 代表流通类服务业；II 代表生产类服务业；III 代表社会类服务业；B 代表交通运输通信业；C 代表批发零售贸易业；D 代表金融保险业；E 代表房地产业；F 代表租赁和商务服务业；G 代表教育卫生服务业；H 代表公共管理服务业。

资料来源：笔者根据 http：//www. ggdc. net/dseries/网站数据计算而得。

从服务业内部不同行业的相对生产率的变化来看：相对生产率最高的是房地产业，2004 年相对生产率的值达到 8.19，远远高于其他的服务行业，是相对生产率最低的个人服务业的 24 倍。相对生产率较高的行业还有交通通信业、金融保险业和公共管理服务业，其相对生产率的值均大于 1，高于服务业的相对生产率。相对生产率较低的行业则有教育卫生服务业、其他服务业和批发零售贸易业，其相对生产率的值均小于 1，低于服务业的相对生产率。租赁及商务服务业则非常接近服务业的相对生产率。房地产业、金融保险业等相对生产率较高的部门可能与其产品本身的价格高有关，而教育卫生服务业较低的相对生产率与其非营利性质有关，它们主要的主要功能是为社会提供公共服务产品，带有一定程度的公益性，一般来说服务产品的价格偏低，因而产值也较低。个人服务业和其他服务业相对生产率的值很低，这是其行业本身性质所决定的，这类行业属于"技术停滞型"部门，很难通过技术和资本的投入提高服务产出，因而相对生产率极其低下。相对生产率保持上升趋势的行业有金融保险业、房地产业、公共管理服务业和其他服务业，其余行业的相对生产率则出现不同程度的下降（见图 4 - 10）。服务业内部行业相对生产率的这种变化趋势与服务业内部结构的升级趋势是基本一致的，是服务业内部结构高级化的一种体现，随着经济发展和社会进步，相对生产率较高的部门在国民经济中的重要地位和作用也日益凸显。

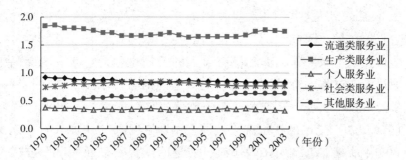

图 4 - 10　1979 ~ 2004 年美国服务业内部分层次相对生产率变化趋势
资料来源：根据表 4 - 5 数据制作。

从美国服务业内部不同行业相对生产率的变化情况可以看出，"技术进步型"服务部门由于生产率较高因而其相对生产率的值也高，这类行业一般以现代服务部门为主，如金融保险业、房地产业。"技术停滞型"

服务部门因较低的生产率导致其相对生产率也很低，这主要以传统的服务部门和个人服务业为主。服务业的相对生产率与其生产率同步变化的特征主要是由服务业本身的性质所决定。服务业是一个异质性很强的产业，服务行业多、门类广且服务产品千差万别，既有劳动密集型行业，也有资本密集、技术密集、知识密集型行业，不同种类的服务对劳动力、资本、技术的要求也各不相同，因而造成不同服务行业的产出和就业上的差异，进而影响到服务业的相对生产率。美国经济学家鲍莫尔（Baumol，1967、1985、1989）对服务生产率问题做过精辟的论述，他首先认为并非所有"服务业"的生产率都很低，有些服务业如交通、通信业的生产率就很高，生产率增长也很快，几乎接近制造业的水平，部分行业甚至超过制造业（如金融保险业、房地产业）。通常这类服务行业无须顾客的直接参与，而且由于有可能用资金、技术来代替劳力，所以其中一些还可以实现自动化，这些服务生产率较高的部门被鲍莫尔称之为"技术进步部门"（progressive sector）。在进步部门中，创新、积累和规模经济带来了单个资本产出的不断增长，劳动只是重要的投入要素之一，资本和技术可带来生产率的大幅提高。另一些则如马歇尔所指出的，生产率几乎不变，如教育服务业、医疗服务业、法律服务业、旅馆饭店业以及个人服务业等，这些服务行业被鲍莫尔叫做"技术停滞部门"（stagnant sector）。这类服务本身就是劳动过程，要求服务提供者与服务消费者直接接触，因此劳动力节约型的生产率的提高是非常困难的。再进一步讲，这类服务作为交易品就是人的劳动过程，它无法像商品生产那样通过生产过程的标准化和机械化来达到提高劳动生产率的目的，因此规模经济无法实现。这类服务业中鲍莫尔自己所举的"经典例子"是"莫扎特的五重奏"，也就是现场表演艺术，它需要的演奏人员和演奏时间与200年前毫无二致，在确保演出质量的前提下，任何试图改进生产率的举措都是徒然的，不可能导致投入需求的变化。

鲍莫尔的论述侧重于服务产品本身的特性，显然他忽略了服务业内部结构升级的趋势和不同行业对劳动力需求的差异。从服务业内部结构升级趋势来说，工业化时期，以商贸流通为主的传统服务业得到较快的发展，而进入后工业化阶段后，服务业的发展主要体现在生产服务业上，如金融保险业，租赁和商务服务业等，这些部门的产出在服务业中的比重迅速提升，这种服务业内部结构升级的变化其实就是服务业内部结构从低端化向高级化演进的过程。从服务业对劳动力需求的差异来看，现代服务业大多属于技术、知识密集型行业（如金融保险业等），一般对劳动力的素质要求较高，要求就业人员拥有专业的知识和劳动技能，这在一定程度上提高了就业门槛，从而阻止了大量低层次人员流向这些部门就业。在产出比重日益提高的情形下，就业比重缓慢上升甚至停滞增长，故这类部门的相对生产率一般都较高。而传统服务行业（如住宿餐饮业、批发零售业等）的就业门槛很低，一般只要求从业者拥有一定的劳动技能和健康的身体，而且这些行业通常都是劳动密集型，对劳动力的需求很大。因此，在产出比重一定甚至下降的情形下，就业比重的大幅上升必然引起相对生产率的下降。

第二节　西方八国服务业相对生产率的变化趋势分析

美国虽然是西方发达国家中最具大国特征的国家，但由于发达国家中不同国家之间存在国情差异、产业结构差异以及经济发展进程的不一致，因此不同国家之间的产业结构及其相对生产率的变化不完全相同。为了更全面、更深入考察西方发达国家三次产业结构演变的特点及相对生产率变化的规律，本书选取美国、加拿大、英国、法国、德国、意大利、澳大利亚、日本八个经济合作和发展组织（Organization for Economic Co-operation and Development，OECD）的主要成员为样本，进一步详细分析西方发达国家 1979～2003 年三次产业结构演变及其相对生产率的变化情况。

一、西方八国三次产业相对生产率的变化分析

（一）三次产业产出结构的变化

在三次产业的产出构成中，服务业的产出始终保持最高的比重，进

入 2000 年以后，比重一直占总产出的七成以上；工业产出比重居其次，2003 年比重为 26.2%；农业产出则占很小的比重份额，比重仅为 1.9%（见表 4 - 6）。从三次产业产出比重的变化趋势来看，农业的产出比重尽管占比很小，但长期保持缓慢的下降趋势；工业的产出比重也在不断地下降，从 1979 年的 37.1% 下降到 2003 年的 26.2%，25 年来下降了 10.9 个百分点；服务业产出比重一直呈现稳定上升趋势，产出增加的比重正好是农业和工业产出下降的比重之和，25 年里产出比重提高了 13.5 个百分点，并且工业与服务业的产出比重之间的差距有不断拉大的趋势（见图 4 - 11），1979 年工业与服务业产出比重的差距为 21.4 个百分点，2003 年，这一差距扩大到 45.7 个百分点。与美国后工业化时期三次产业产出结构的变化相比，两者之间的变化趋势是一致的，即农业、工业的产出比重一直趋于下降，服务业的产出比重持续上升，只不过美国的农业和工业产出比重比八国这两大产业的产出比重更低，而服务业的产出比重更高。这主要是因不同国家的国情和产业结构的差异所造成的。在 OECD 八个成员国内，澳大利亚、法国、意大利三国的农业比较发达，农业产出比重偏高；德国、英国是传统的工业强国，故工业产出比重较高；而美国是当今世界上服务业最发达的国家，服务业的产出比重也明显高于其他国家。OECD 八成员国家三次产业产出结构的变化趋势表明进入后工业化社会以来，这些国家的服务业得到较快发展并在国民经济中的比重不断上升，而工业的产出比重则不断下降，服务业进入了一个繁荣发展的时期，这就是富克斯所说的"服务经济时代"。

表 4 - 6 1979 ~ 2003 年西方八国三次产业产出、就业结构及相对生产率

年份	产出构成（%）			就业构成（%）			相对生产率		
	Ⅰ	Ⅱ	Ⅲ	Ⅰ	Ⅱ	Ⅲ	Ⅰ	Ⅱ	Ⅲ
1979	4.46	37.08	58.46	7.40	33.58	59.02	0.60	1.10	0.99
1980	3.96	37.07	58.97	7.16	33.26	59.58	0.55	1.11	0.99
1981	3.83	36.36	59.81	6.96	32.63	60.41	0.55	1.11	0.99
1982	3.58	35.42	61.00	6.78	31.67	61.54	0.53	1.12	0.99

续表

年份	产出构成（%）			就业构成（%）			相对生产率		
	Ⅰ	Ⅱ	Ⅲ	Ⅰ	Ⅱ	Ⅲ	Ⅰ	Ⅱ	Ⅲ
1983	3.58	34.98	61.44	6.62	30.91	62.48	0.54	1.13	0.98
1984	3.43	34.99	61.58	6.30	30.42	63.28	0.54	1.15	0.97
1985	3.24	34.56	62.19	6.14	29.88	63.98	0.53	1.16	0.97
1986	3.17	33.39	63.43	5.95	29.45	64.60	0.53	1.13	0.98
1987	3.08	33.01	63.91	5.72	29.06	65.23	0.54	1.14	0.98
1988	2.98	32.76	64.26	5.47	28.96	65.57	0.54	1.13	0.98
1989	2.94	32.60	64.46	5.19	28.89	65.92	0.57	1.13	0.98
1990	2.67	31.87	65.46	5.00	28.39	66.61	0.53	1.12	0.98
1991	2.53	30.90	66.58	4.86	27.62	67.51	0.52	1.12	0.99
1992	2.50	30.12	67.38	4.65	27.00	68.35	0.54	1.11	0.99
1993	2.44	29.31	68.26	4.48	26.45	69.07	0.54	1.11	0.99
1994	2.43	28.99	68.57	4.35	26.08	69.57	0.56	1.11	0.99
1995	2.44	29.20	68.36	4.20	25.76	70.03	0.58	1.13	0.98
1996	2.43	28.68	68.88	4.06	25.41	70.53	0.60	1.13	0.98
1997	2.24	28.43	69.33	3.98	25.16	70.86	0.56	1.13	0.98
1998	2.19	27.85	69.96	3.85	24.84	71.31	0.57	1.12	0.98
1999	2.12	27.59	70.29	3.74	24.38	71.88	0.57	1.13	0.98
2000	2.08	27.64	70.28	3.62	24.13	72.25	0.57	1.15	0.97
2001	2.12	26.83	71.05	3.51	23.68	72.81	0.60	1.13	0.98
2002	1.88	26.29	71.83	3.35	23.22	73.42	0.56	1.13	0.98
2003	1.91	26.19	71.91	3.22	23.18	73.61	0.59	1.13	0.98

　　注：表中Ⅰ代表农业；Ⅱ代表工业；Ⅲ代表服务业。表中数据来自美国、日本、法国、德国、英国、加拿大、意大利、澳大利亚八国的简单算术平均值。

　　资料来源：笔者根据 http：//www.ggdc.net/dseries/网站数据计算而得。

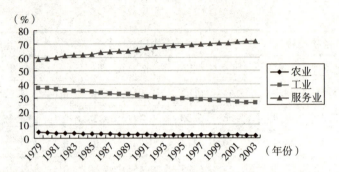

图4－11　1979～2003年西方八国三次产业产出比重变化趋势

资料来源：根据表4－6数据绘制。

（二）三次产业就业结构的变化

与三次产业的产出结构变化趋势一样，OECD 八成员国的三次产业就业结构也保持相同的变化趋势：即农业和工业的就业比重不断下降，而服务业就业比重一直处于上升的趋势，工业与服务业就业比重之间的差距也逐渐在拉大（见图4－12），服务业就业比重增加的幅度正好是农业、工业就业比重下降幅度之和。三次产业就业比重的变化幅度几乎与其产出比重的变化幅度保持同等，这种变幅显然会影响三次产业相对生产率的变化，导致它们的相对生产率的变幅也很小。不过与美国同时期三次产业的就业比重相比，OECD 八成员国的农业和工业就业比重要明显偏高，而服务业的就业比重大概要低7个百分点。

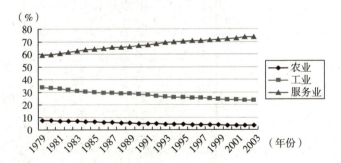

图4－12　1979～2003年西方八国三次产业就业比重变化趋势

资料来源：根据表4－6数据绘制。

　　OECD 八成员国就业结构的变化趋势表明，随着农业在国民经济中的地位与作用下降以及农业劳动生产率的大幅提高，农业对劳动力的需求是显著减少的；制造业发展到一定规模和水平后，其吸纳就业的能力也在逐渐下降，成为剩余劳动力转出的主要部门；服务业的快速发展也伴随着就业人数的不断增多，而且服务业在提供就业方面具有独特的优势，服务行业多、门类广，劳动密集、技术密集、资本密集和知识密集型行业并存，就业和创业的方式灵活多样，能够吸纳大量不同层次的人员就业，因而成为吸纳劳动力就业的唯一部门。因此，服务业在就业方面的优势是农业和工业所不具有的。

（三）　三次产业相对生产率的变化

　　相对产出和就业结构的变动来说，OECD 八成员国三次产业相对生产率的变动明显要表现更为平稳，这不仅是因为八国三次产业的产出比重与就业比重始终保持着相同方向的变化趋势，而且两者之间的变动幅幅也基本一致，这种产业结构的同步变化直接导致了三次产业相对生产率的平稳变动。在三次产业中，工业的相对生产率最高，2003 年为 1.13；服务业居中，2003 年为 0.98；农业最低，2003 年仅为 0.59（见图 4-13）。就三次产业相对生产率变动的平稳性而言，服务业相对生产率的变动表现得最为稳定，长期在 0.97~0.99 变化，上下幅度只有 0.02；工业的变动次之，稳定地保持在 1.10~1.16 范围内，变幅为 0.06；农业相对生产率的变化更为不稳定，在 0.52~0.60 起伏波动，变动范围达 0.08。OECD 八成员国三次产业相对生产率的变化特征更进一步证实了服务业比工业、农业更具有稳定的功能，受经济周期性波动的影响较小。同时，也说明了近二十多年来，OECD 八个成员国家三次产业之间的结构变动逐渐趋于缓和，产业结构进入了一个相对平稳的阶段，最直接的证据就是表现在三次产业相对生产率的平稳变动上。

　　与美国后工业化时期三次产业的相对生产率相比，OECD 八成员国服务业相对生产率的值要整体高于美国服务业的相对生产率，比美国更为接近 1；工业的相对生产率要普遍比美国工业的相对生产率低。在绝大多数年份里，美国工业相对生产率的值大都保持在 1.20 以上，而 OECD 成员国工业相对生产率的值全部在 1.20 以下，更为趋近于 1；农业的相对生产率也比美国低许多。OECD 八成员国除个别年份的农业相对生产率达到 0.60 外，其余年份的相对生产率都在 0.6 以下，而美国农业相对生产率的值一直在 0.70~0.90 变化。不过显而易见的是，OECD 八成员国三次产业相对生产率的变化要比美国三次产业相对生产率的变化更为平稳，变动幅度更小。

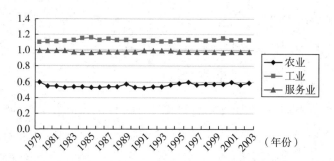

图 4-13　1979~2003 年西方八国三次产业相对生产率变化趋势

资料来源：根据表 4-6 数据绘制。

与库兹涅茨、钱纳里等学者所得出的三次产业相对生产率演变的国际标准模式相比较（见表 2-1），OECD 八成员国自 20 世纪 80 年代以来三次产业相对生差率的变化趋势更符合赛尔奎因和钱纳里模式（1989）。该模式在人均 GDP 大于 4000 美元时，农业、工业和服务业的相对生产率的值分别是 0.54、1.15 和 1.0。OECD 八成员国三次产业的相对生产率在近 20 多年的变化中几乎是在这一数值上下波动，2003 年，三次产业相对生产率的值分别为 0.59、1.13 和 0.98，两者非常接近。

同样可以利用 Hodrick-Prescott 滤波法来对 OECD 八成员国三次产业相对生产率进行波动趋势分析。图 4-14 是采用 1979~2003 年 OECD 八个主要成员国三次产业相对生产率的年度数据所做的波动趋势。从图中可以明显看出服务业的相对生产率变化最平稳，变幅最小，变动幅度在 0.97~0.99；工业次之，变动幅度基于 1.08~1.18；农业的变动最大，在 0.50~0.62 波动。

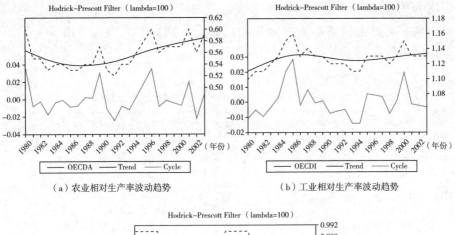

（a）农业相对生产率波动趋势　　　　　（b）工业相对生产率波动趋势

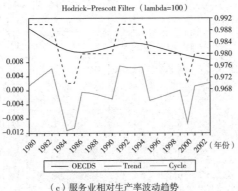

（c）服务业相对生产率波动趋势

图 4 - 14　1979～2003 年西方八国三次产业相对生产率波动趋势

资料来源：根据表 4 - 6 数据绘制。

二、西方八国服务业内部行业相对生产率的变化分析

上述分析表明，近几十年来，OECD 国家三次产业结构的变动逐渐趋缓，产出结构与就业结构变化保持同方向、甚至同幅度的变动。OECD 2005 年的研究报告《贸易与结构调整：拥抱全球化》也指出，过去 20 多年间 OECD 国家三次产业之间的结构变动逐渐趋于缓慢，现有的结构变动主要体现在服务业内部的不同部门之间。因此，我们将重点探讨美国、加拿大、英国、法国、德国、意大利、澳大利亚、日本八个主要 OECD 成员国服务业内部结构变动的一般特点及其对相对生产率的影响。八个国家的服务业内部不同行业的数据全部来自荷兰格罗宁根大学增长与发

展研究中心根据 ISIC Rev. 3 版标准整理的产业数据，服务业内部行业的分类则在借鉴辛格曼等人四分法的基础上，增加了其他类服务业。详细整理结果如表4－7所示。

表4－7　　　1979～2003 年西方八国服务业内部分层次的产出结构　　　单位:%

年份	A	流通类服务业		生产类服务业			个人服务业	社会类服务业		其他服务业
		B	C	D	E	F		G	H	
1979	58.46	12.08	20.33	7.93	13.67	9.10	4.39	15.86	11.51	5.25
1980	58.97	11.66	20.16	8.12	13.84	9.20	4.33	15.73	11.65	5.23
1981	59.81	11.63	19.60	8.26	13.83	9.21	4.35	15.91	11.68	5.37
1982	61.00	11.61	19.35	8.48	14.03	9.32	4.46	15.75	11.65	5.28
1983	61.44	11.50	19.28	8.93	14.20	9.40	4.40	15.48	11.44	5.33
1984	61.58	11.61	19.28	8.93	14.36	9.52	4.30	15.27	11.21	5.42
1985	62.19	11.42	19.12	8.92	14.63	9.90	4.28	15.02	11.04	5.58
1986	63.43	11.33	18.97	8.86	14.78	10.30	4.38	14.87	10.81	5.57
1987	63.91	11.13	18.97	8.87	14.79	10.69	4.29	14.84	10.62	5.62
1988	64.26	10.97	18.96	8.76	14.85	11.31	4.25	14.69	10.38	5.63
1989	64.46	10.83	18.76	8.51	14.99	11.95	4.25	14.61	10.19	5.66
1990	65.46	10.54	18.51	8.49	15.00	12.28	4.19	14.85	10.22	5.65
1991	66.58	10.49	18.40	8.36	15.12	12.31	4.16	15.07	10.22	5.58
1992	67.38	10.28	17.99	8.46	15.31	12.47	4.13	15.24	10.13	5.69
1993	68.26	10.28	17.73	8.74	15.54	12.33	4.22	15.22	9.96	5.65
1994	68.57	10.25	17.86	8.64	15.84	12.34	4.26	15.07	9.74	5.69
1995	68.36	10.18	18.00	8.47	15.95	12.66	4.24	15.01	9.53	5.65
1996	68.88	9.96	17.74	8.52	16.02	13.08	4.28	14.94	9.45	5.70
1997	69.33	9.87	17.76	8.59	16.06	13.44	4.30	14.79	9.18	5.71
1998	69.96	9.87	17.61	8.47	16.03	13.94	4.36	14.69	8.92	5.78

年份	A	流通类服务业		生产类服务业			个人服务业	社会类服务业		其他服务业
		B	C	D	E	F		G	H	
1999	70.29	9.65	17.32	8.49	15.99	14.50	4.42	14.62	8.78	5.88
2000	70.28	9.54	16.97	8.55	15.90	15.06	4.45	14.58	8.65	5.91
2001	71.05	9.43	16.95	8.52	16.00	15.20	4.39	14.66	8.55	5.93
2002	71.83	9.30	16.81	8.82	15.87	15.13	4.34	14.78	8.55	5.94
2003	71.91	9.19	16.71	8.97	15.93	15.07	4.31	14.84	8.53	5.95

注：表中数据来自美国、日本、法国、德国、英国、加拿大、意大利、澳大利亚八国的简单算术平均值。A代表服务业占GDP比重；B～H代表服务业内部各分支部门增加值占服务业比重；其中B代表代表交通通信业，包括内陆交通、水陆交通、空运交通、辅助性的交通活动、旅游机构的交通活动、通信业；C代表批发零售贸易业，包括汽车和摩托机车的保养修理和销售、汽车燃料的零售、批发贸易、零售贸易；D代表金融保险业，包括金融中介活动、保险和养老基金、金融中介的辅助活动；E代表房地产业；F代表租赁和商务服务业，包括机器和装备的租赁、计算机和相关活动、研究开发、法律服务、技术服务和广告服务、其他商务服务；G代表教育卫生服务业和其他社会工作；H代表公共管理服务业，包括公共管理业、国防、强制性的社会安全；个人服务业主要包括住宿餐饮业；其他服务业，包括其他社会团体、其他社会及私人服务、雇佣员工的私人家庭等。

资料来源：笔者根据 http：//www.ggdc.net/dseries/网站数据计算而得。

（一）服务业内部行业产出结构的变化

从表4-7中可以看出，服务业增加值比重在被考察期间是逐年上升的，但在服务业内部行业里，不同服务行业的增加值比重变化不尽一致。有些行业表现出较快的增长势头，如生产类服务业；有的行业则出现大幅下降的趋势，如流通类服务业、社会类服务业；而另外一些行业变化很缓慢，或者缓慢上升，如其他服务业，或者微弱的下降，如个人服务业。图4-15直观显示了服务业内部行业不同层次增加值的变化趋势。20世纪80年代之前，OECD国家服务业主要还是以传统的流通类服务业为主，1981年之后，生产服务业增加值比重超过流通服务业的比重而居五大层次之首，并长期呈现上升的趋势。流通服务业的增加值比重不断下降，与生产服务业的差距不断拉大。个人服务业的增加值比重最低，不过变动平稳，仅有微弱下降。

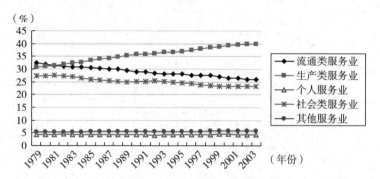

图 4 - 15   1979 ~ 2003 年西方八国服务业内部分层次增加值比重变化趋势
资料来源：根据表 4 - 7 数据制作。

在后工业化社会阶段，服务业的发展，即服务业增加值在国民经济中比重的不断提高主要是依靠生产类服务业的快速发展而带动起来的，也就是由中间需求型服务发展带动的。这尤其表现在租赁及商务服务业增加值大幅度的上升，金融保险业和房地产业增加值比重也呈现上升趋势，不过上升幅度较小。最终需求型服务的增加值比重则趋于下降，如批发零售贸易业，住宿餐饮业也微弱下降。其他一些最终需求服务如教育、医疗、休闲娱乐、文化等被后工业社会理论家预言会迅速发展的部门并没有出现明显增长，有些行业如教育卫生服务业的增加值比重还在不断下降，这可能与其非营利性质所导致产品价格较低有关。20 世纪 70 年代末以来，政府管理部门即公共管理服务业在服务业中的比重逐步下降，这自然是西方发达国家执行经济自由主义政策的一部分结果，同时也反映了作为交易成本的政府管理部门在经济中应当有一个适当的、稳定的比例。

（二）服务业内部行业就业结构的变化

OECD 八成员国服务业的就业比重表现出与增加值比重相同的变化趋势，20 世纪 70 年代末以来，呈现稳步上升趋势，但服务业内部不同行业就业结构变动显然要表现得更为复杂，与增加值比重的变化也存在明显差异。从服务业五个层次的就业比重来说，流通类服务业和社会类服务业占据了服务业就业比重的主要部分，尽管两类服务业的就业比重在逐年下降，但到 2003 年底仍然占据服务业就业比重的 60%。生产类服务业就业比重一直处于不断上升的趋势，由 1979 年的 15% 上升到 2003 年的 21.5%，但至今尚未超过流通服务业和社会服务业的就业比重，不过差距在逐步缩小。个人服务业、其他服务业的就业比重最低，但呈现长期的缓慢上升，而且就业比重显然要大于它们的增加值比重（见图 4 – 16）。

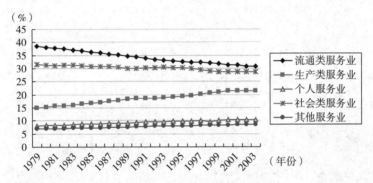

图 4 – 16　1979 ~ 2003 年西方八国服务业内部分层次就业比重变化趋势
资料来源：根据表 4 – 8 数据绘制。

再从服务业内部细分行业来说，就业比重的变化更为复杂。例如，生产类服务业的就业比重虽是逐年上升，但其内部的金融服务业的就业比重却表现为下降趋势。房地产业的就业比重很小，长期以来只有微弱的上升。租赁和商务服务业的就业比重增长显著，从 1979 年的 8.37% 增加到 2003 年的 15.01%，几乎翻了一番。显而易见，生产服务业就业比重的增长主要是通过租赁和商务服务业就业比重的大幅度增加拉动上升的。再来看社会服务业就业比重的变化：自 1979 年以来，社会服务业的就业比重就一直处于下降的趋势，然而其内部的教育卫生服务业和其他社会工作的就业比重却呈现微弱上升的趋势（见表 4 – 8）。

表 4-8　　　　1979~2003 年西方八国服务业内部分层次的就业结构　　　单位:%

年份	A	流通类服务业		生产类服务业			个人服务业	社会类服务业		其他服务业
		B	C	D	E	F		G	H	
1979	59.02	10.55	27.87	5.49	1.12	8.37	8.14	20.27	11.18	7.04
1980	59.58	10.39	27.70	5.58	1.14	8.60	8.25	20.35	10.99	7.04
1981	60.41	10.35	27.46	5.75	1.17	8.75	8.27	20.34	10.82	7.06
1982	61.54	10.21	27.23	5.78	1.20	8.91	8.39	20.49	10.7	7.09
1983	62.48	9.98	26.95	5.85	1.22	9.03	8.53	20.65	10.67	7.12
1984	63.28	9.72	26.92	5.85	1.26	9.36	8.68	20.56	10.44	7.21
1985	63.98	9.56	26.60	5.76	1.31	9.80	8.83	20.63	10.27	7.26
1986	64.60	9.45	26.40	5.78	1.31	10.09	8.89	20.68	10.13	7.29
1987	65.23	9.24	26.12	5.83	1.35	10.38	9.00	20.72	10.00	7.38
1988	65.57	9.08	25.99	5.80	1.41	10.77	9.05	20.71	9.74	7.46
1989	65.92	9.03	25.75	5.80	1.43	11.16	9.18	20.63	9.45	7.57
1990	66.61	8.88	25.42	5.78	1.43	11.42	9.31	20.72	9.39	7.67
1991	67.51	8.76	25.04	5.70	1.43	11.60	9.47	21.00	9.28	7.80
1992	68.35	8.57	24.84	5.61	1.45	11.66	9.59	21.10	9.25	7.93
1993	69.07	8.46	24.68	5.54	1.48	11.76	9.66	21.34	9.20	7.90
1994	69.57	8.34	24.56	5.46	1.48	12.09	9.73	21.33	8.99	8.02
1995	70.03	8.24	24.37	5.35	1.46	12.53	9.83	21.36	8.81	8.04
1996	70.53	8.21	24.24	5.25	1.45	12.93	9.93	21.26	8.62	8.10
1997	70.86	8.09	24.11	5.19	1.44	13.44	10.01	21.15	8.36	8.21
1998	71.31	8.00	23.96	5.17	1.44	13.96	9.52	20.95	8.14	8.26
1999	71.88	8.01	23.76	5.07	1.46	14.39	10.10	20.82	8.00	8.39
2000	72.25	8.07	23.31	5.07	1.46	14.87	10.23	20.80	7.83	8.37
2001	72.81	7.99	23.27	5.05	1.46	14.94	10.24	20.85	7.76	8.45

续表

年份	A	流通类服务业		生产类服务业			个人服务业	社会类服务业		其他服务业
		B	C	D	E	F		G	H	
2002	73.42	7.78	23.11	4.99	1.47	14.97	10.34	21.07	7.69	8.59
2003	73.61	7.73	22.97	4.99	1.53	15.01	10.45	21.14	7.65	8.56

注：表中数据来自美国、日本、法国、德国、英国、加拿大、意大利、澳大利亚八国的简单算术平均值。A代表服务业占GDP比重；B~H代表服务业内部各分支部门增加值占服务业比重；其中B代表代表交通通信业，包括内陆交通、水陆交通、空运交通、辅助性的交通活动、旅游机构的交通活动、通信业；C代表批发零售贸易业，包括汽车和摩托机车的保养修理和销售、汽车燃料的零售、批发贸易、零售贸易；D代表金融保险业，包括金融中介活动、保险和养老基金、金融中介的辅助活动；E代表房地产业；F代表租赁和商务服务业，包括机器和装备的租赁、计算机和相关活动、研究开发、法律服务、技术服务和广告服务、其他商务服务；G代表教育卫生服务业和其他社会工作；H代表公共管理服务业，包括公共管理业、国防、强制性的社会安全；个人服务业主要包括住宿餐饮业；其他服务业，包括其他社会团体、其他社会及私人服务、雇佣员工的私人家庭等。

资料来源：笔者根据 http://www.ggdc.net/dseries/网站数据计算而得。

从OECD八成员国服务业就业比重的变化趋势可以看出，在后工业社会时期，生产类服务业得到较快发展，这种发展不仅体现在其增加值比重的大幅上升，而且还伴随着就业比重的增加，不过就业比重的增幅不如增加值比重的增幅。批发零售贸易业、运输仓储通信业、住宿餐饮业等传统服务部门的就业比重在下降，但仍然占据了服务业就业的较大比重，这表明传统的劳动力密集型服务部门仍然是吸纳劳动力较多的部门。教育卫生服务业、政府管理部门也保持了较高的就业比重，这可能与西方国家普遍实行高福利政策和健全的社会保障制度有关。

服务业内部不同行业就业比重变动不同于增加值比重变动直接影响到服务业内部行业相对生产率的不同变化，下面详细分析OECD八成员国服务业内部行业相对生产率的变动情况。

（三）服务业内部行业相对生产率的变动

服务业内部不同行业的增加值比重、就业比重的不同变化必然导致服务业不同行业相对生产率的剧烈变化。从OECD国家三次产业相对生

产率的变动分析中我们知道，服务业相对生产率的变化非常平稳，1979
年为0.99，2003年为0.98，25年来只是略微下降了0.01。然而在服务业
内部，不但各行业相对生产率的变化不尽一致，而且不同行业相对生产
率的差异也非常大。从服务业的五个层次来说，相对生产率最高的是生
产类服务业，但长期处于下降的趋势，从1979年的2.02降到2003年的
1.74。相对生产率最低的两类服务业分别是其他服务业和个人服务业，
并且仍有下降之趋势。社会类服务业和流通类服务业的相对生产率比较
接近，但社会类服务业相对生产率保持下降的趋势，而流通类服务业的
变化显然要稳定得多，最为接近服务业相对生产率的变化（见图4-17）。

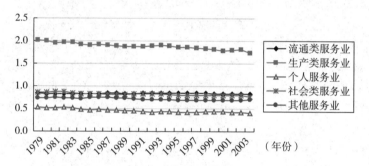

图4-17　1979~2003年西方八国服务业内部分层次相对生产率变化趋势
资料来源：根据表4-9数据绘制。

再来看服务业内部细分行业相对生产率的变化情况，不同行业相对
生产率的变化趋势不尽一致，而且极差也非常大。以2003年为例，相对
生产率最高的是房地产业，其值高达10.38，最低的是个人服务业，其值
仅有0.41，两者相差25倍。生产类服务业和社会类服务业的相对生产率
表现为下降趋势，但其内部的金融保险业、公共管理业的相对生产率却
呈现上升的趋势。流通类服务业相对生产率的变化比较平稳，但其内部
的交通运输通信业的相对生产率呈现上升的趋势（见表4-9）。因此，
无论从变化的复杂程度还是变化的剧烈程度来看，服务业内部行业相对
生产率的变化显然要比服务业的变化更复杂、更剧烈。

表 4 – 9　　　　1979 ~ 2003 年西方八国服务业内部分层次的相对生产率

年份	流通类服务业			生产类服务业				个人服务业	社会类服务业			其他服务业
	I	B	C	II	D	E	F		III	G	H	
1979	0.84	1.14	0.73	2.02	1.42	12.00	1.08	0.54	0.86	0.76	1.04	0.73
1980	0.83	1.12	0.72	2.01	1.42	11.99	1.06	0.52	0.86	0.76	1.07	0.73
1981	0.82	1.12	0.71	1.96	1.40	11.72	1.03	0.52	0.88	0.77	1.09	0.75
1982	0.82	1.13	0.71	1.97	1.43	11.65	1.03	0.53	0.87	0.76	1.10	0.73
1983	0.82	1.14	0.71	1.97	1.48	11.51	1.02	0.51	0.85	0.73	1.07	0.73
1984	0.82	1.17	0.70	1.92	1.47	11.10	0.99	0.48	0.83	0.72	1.06	0.73
1985	0.82	1.17	0.70	1.91	1.50	10.87	0.98	0.47	0.82	0.70	1.06	0.74
1986	0.83	1.18	0.71	1.93	1.49	11.14	1.00	0.49	0.82	0.70	1.07	0.75
1987	0.84	1.19	0.71	1.90	1.48	10.71	1.00	0.47	0.82	0.70	1.06	0.74
1988	0.84	1.19	0.72	1.89	1.47	10.37	1.02	0.46	0.81	0.70	1.06	0.74
1989	0.83	1.18	0.71	1.87	1.43	10.26	1.04	0.46	0.81	0.70	1.07	0.73
1990	0.83	1.17	0.72	1.87	1.43	10.37	1.05	0.45	0.83	0.71	1.09	0.72
1991	0.84	1.19	0.72	1.87	1.44	10.55	1.04	0.44	0.83	0.71	1.10	0.70
1992	0.84	1.19	0.71	1.90	1.48	10.47	1.05	0.43	0.83	0.72	1.09	0.71
1993	0.84	1.21	0.71	1.91	1.55	10.42	1.03	0.44	0.82	0.71	1.08	0.71
1994	0.84	1.22	0.72	1.89	1.55	10.61	1.00	0.44	0.81	0.70	1.08	0.70
1995	0.85	1.21	0.72	1.86	1.54	10.74	0.98	0.44	0.80	0.69	1.07	0.69
1996	0.84	1.19	0.72	1.86	1.58	10.82	0.98	0.43	0.80	0.69	1.08	0.69
1997	0.84	1.20	0.72	1.84	1.61	10.91	0.97	0.43	0.80	0.69	1.08	0.68
1998	0.85	1.21	0.72	1.82	1.60	10.91	0.97	0.43	0.80	0.69	1.08	0.69
1999	0.83	1.18	0.72	1.81	1.63	10.76	0.98	0.43	0.80	0.70	1.08	0.69
2000	0.82	1.15	0.71	1.79	1.63	10.56	0.98	0.43	0.80	0.69	1.08	0.69

续表

年份	流通类服务业			生产类服务业				个人服务业	社会类服务业			其他服务业
	I	B	C	II	D	E	F		III	G	H	
2001	0.83	1.15	0.71	1.80	1.64	10.66	0.99	0.43	0.80	0.69	1.08	0.69
2002	0.83	1.17	0.71	1.81	1.72	10.59	0.99	0.42	0.80	0.69	1.09	0.68
2003	0.83	1.19	0.71	1.74	1.68	10.38	0.96	0.41	0.77	0.67	1.07	0.70

注：表中 I 代表流通类服务业；II 代表生产类服务业；III 代表公共服务类服务业；B 代表交通运输通信业；C 代表批发零售贸易业；D 代表金融保险业；E 代表房地产业；F 代表租赁和商务服务业；G 代表教育卫生服务业；H 代表公共管理服务业。

资料来源：笔者根据 http：//www.ggdc.net/dseries/网站数据计算而得。

美国服务业内部行业相对生产率的变化趋势大体与 OECD 八成员国服务业内部行业的变化趋势相同。不同的是美国的其他类服务业、房地产业的相对生产率表现为上升趋势，而 OECD 八成员国均为下降。美国交通运输通信业的相对生产率是趋于下降的，OECD 八成员国则为上升。此外，美国个人服务业的相对生产率要比 OECD 八成员国更低。与美国相对生产率相同的是，OECD 八成员国相对生产率较高的行业其劳动生产率的值也高，如金融保险业、房地产业、交通运输通信业等部门。相对生产率低的行业其劳动生产率的值也低，如批发零售贸易业、住宿餐饮业等传统的劳动密集型部门，非营利性的教育卫生服务业。原因已在美国服务业内部行业相对生产率的变动中做过详细论述，在此就不再重复。

美国和 OECD 八成员服务业内部不同行业的增加值结构、就业结构以及相对生产率变动的实证分析有力地证实了 OECD 2005 年研究报告的结论：过去 20 多年间 OECD 国家三次产业之间的结构变动逐渐趋于缓慢，现有的结构变动主要体现在服务业内部的不同部门之间。这种服务业内部不同部门之间结构的变动也体现在相对生产率的变动上。服务业内部结构的变化反映了 OECD 成员服务业内部结构升级的趋势，是服务业内部结构高级化的演进。

第五章

发展中国家服务业相对生产率的实证研究

第一节　发展中国家三次产业相对
生产率变化趋势分析

目前，发展中国家所面临的主客观环境与发达国家工业化早期的环境是完全不同的。英国、美国等发达国家进入工业化的时期要比发展中国家大约早150年左右，当发达资本主义国家完成工业化发展阶段开始进入"后工业化"社会发展时期，大部分发展中国家才开始进入工业化发展时期。一般来说，发展中国家进入工业化阶段的时间大概为20世纪五六十年代，至今仍然是以工业发展为主。发展中国家产业结构的变化与发达国家相比存在较大的差异，产业相对生产率的变化也明显不同。根据资料的可得性以及经济发展模式的相似性，本书选取了印度、印度尼西亚、马来西亚、泰国、菲律宾五个典型的亚洲工业化国家作为样本来全面考察发展中国家工业化时期产业结构演变及其对相对生产率的影响。这五个国家同属于亚洲新兴工业化国家，经济发展的模式比较接近，而且进入工业化时期基本同步，又都处在亚洲，因此五国之间相同特征较多，可以归入一起综合比较。

一、三次产业产出结构的变化

从表5-1可以看出，在20世纪70年代早期，发展中国家三次产业之间的产出比重基本相同。服务业的产出比重以微弱的优势居三大产业之首，工业次之，农业最后。发展中国家产出结构模式与美国工业化早期的产出结构有些类似，不过美国的工业产出比重在工业化初期是非常低的，在工业化过程中，工业产出比重迅速得到提高，而发展中国家工业产出在初期就占有较高比重。在整个 70 年代，发展中国家的农业产出比重迅速下降，工业、服务业的产出比重逐年上升，不过工业的上升幅度明显要快于服务业，甚至在 1977 年、1978 年工业产出比重超过服务业产出比重而居三大产业之首。20 世纪八九十年代，农业产出比重继续下降，工业、服务业的产出比重仍然保持上升的趋势，不过服务业的上升幅度要稍快于工业。进入 21 世纪以来，农业产出比重仍然在缓慢下降，而工业产出比重开始出现下降的趋势，服务业的产出继续上升（见图 5 - 1）。发展中国家 21 世纪以来三次产业产出结构的变化与 OECD 八成员国进入后工业社会时期三次产业产出结构有些类似，也与美国 20 世纪 70 年代初期三次产业的产出结构接近，即农业产出比重缓慢下降，工业开始出现下降趋势，服务业仍然保持上升势头。不过发展中国家的农业产出比重偏高，而服务业的产出比重偏低。发展中国家工业化过程中三次产业产出结构的变化与美国工业化时期三次产业产出结构的演变最大不同之处在于：美国工业的产出比重在整个工业化时期增长迅速，服务业的产出比重仅有微弱的上升，农业产出比重大比例的降幅基本被工业的增幅所抵消；而发展中国家的产出结构演变情况是工业与服务业基本保持同比例的增长，甚至服务业的增长还要略大于工业，即农业产出比重的降幅被工业和服务业产出增长所平分。

表 5 - 1　　1970 ~ 2005 年发展中国家三次产出、就业结构及相对生产率

年份	产出构成（%）			就业构成（%）			相对生产率		
	I	II	III	I	II	III	I	II	III
1970	33.94	31.83	34.23	65.63	11.52	22.45	0.52	2.76	1.52
1971	33.42	32.00	34.57	65.18	11.56	23.26	0.51	2.77	1.49
1972	31.92	33.10	34.99	65.46	11.53	23.01	0.49	2.87	1.52
1973	31.53	33.88	34.59	65.80	11.30	22.90	0.48	3.00	1.51

续表

年份	产出构成（%）			就业构成（%）			相对生产率		
	Ⅰ	Ⅱ	Ⅲ	Ⅰ	Ⅱ	Ⅲ	Ⅰ	Ⅱ	Ⅲ
1974	31.16	33.69	35.16	65.16	11.62	23.22	0.48	2.90	1.51
1975	30.77	33.54	35.69	60.62	13.28	26.10	0.51	2.53	1.37
1976	29.75	35.04	35.22	59.70	14.03	26.27	0.50	2.50	1.34
1977	28.85	35.73	35.42	58.73	14.27	27.00	0.49	2.50	1.31
1978	28.29	35.95	35.76	58.64	14.28	27.08	0.48	2.52	1.32
1979	26.95	36.44	36.61	57.61	14.86	27.53	0.47	2.45	1.33
1980	26.76	36.05	37.19	56.12	15.13	28.75	0.48	2.38	1.29
1981	26.47	35.91	37.61	55.31	15.15	29.54	0.48	2.37	1.27
1982	25.96	35.44	38.60	53.93	15.41	30.66	0.48	2.30	1.26
1983	25.55	35.83	38.63	54.14	15.38	30.48	0.47	2.33	1.27
1984	25.16	36.15	38.68	53.84	15.71	30.45	0.47	2.30	1.27
1985	25.29	34.84	39.87	53.40	15.45	31.15	0.47	2.26	1.28
1986	24.62	35.29	40.08	53.06	15.16	31.79	0.46	2.33	1.26
1987	23.87	35.66	40.47	51.96	15.62	32.43	0.46	2.28	1.25
1988	23.60	36.09	40.31	51.62	16.07	32.31	0.46	2.25	1.25
1989	22.71	36.70	40.59	50.58	16.78	32.64	0.45	2.19	1.24
1990	21.45	37.35	41.20	49.22	17.63	33.15	0.44	2.12	1.24
1991	20.75	37.63	41.61	47.82	18.61	33.57	0.43	2.02	1.24
1992	20.62	37.55	41.83	47.58	19.17	33.25	0.43	1.96	1.26
1993	19.82	38.03	42.15	45.86	19.87	34.27	0.43	1.91	1.23
1994	19.01	38.72	42.27	43.73	21.42	34.86	0.43	1.81	1.21
1995	17.81	39.68	42.51	42.18	22.07	35.75	0.42	1.80	1.19

续表

年份	产出构成（%）			就业构成（%）			相对生产率		
	I	II	III	I	II	III	I	II	III
1996	17.53	40.28	42.19	40.87	22.84	36.29	0.43	1.76	1.16
1997	16.83	40.24	42.93	39.50	23.29	37.20	0.43	1.73	1.15
1998	17.23	39.25	43.51	40.31	21.77	37.92	0.43	1.80	1.15
1999	16.96	39.74	43.30	39.76	21.88	38.36	0.43	1.82	1.13
2000	16.56	40.48	42.96	39.80	22.20	37.99	0.42	1.82	1.13
2001	16.66	39.45	43.89	38.66	22.70	38.64	0.43	1.74	1.14
2002	15.94	39.62	44.44	38.54	22.56	38.90	0.41	1.76	1.14
2003	15.98	39.69	44.32	38.77	22.21	39.01	0.41	1.79	1.14
2004	15.31	39.84	44.85	38.01	21.89	40.10	0.40	1.82	1.12
2005	14.74	39.77	45.49	37.92	21.72	40.36	0.39	1.83	1.13

注：表中数据来自印度、印度尼西亚、泰国、马来西亚、菲律宾五国的简单算术平均值。表中 I 代表农业；II 代表工业；III 代表服务业。

资料来源：笔者根据 http：//www. ggdc. net/dseries/网站数据计算而得。

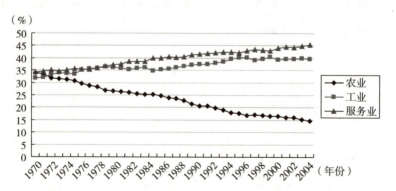

图 5 - 1　1970 ~ 2005 年发展中国家三次产业产出比重变化趋势

资料来源：根据表 5 - 1 数据绘制。

二、三次产业就业结构的变化

从三次产业就业比重的变化趋势来看（见图 5－2），发展中国家在工业化时期就业比重的变化与美国工业化时期的就业变动趋势是一致的，即农业就业比重大幅下降，工业、服务业就业比重持续增长。但是两者的变化还是存在较大的差别。

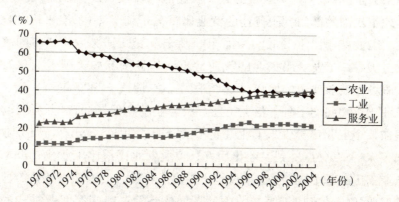

图 5－2　1970～2005 年发展中国家三次产业就业比重变化趋势
资料来源：根据表 5－1 数据绘制。

从发展中国家三次产业就业结构的变化趋势来看，农业就业比重持续下降，从 1970 年的 65.63% 降为 2005 年的 37.92%，下降了 27.7 个百分点。尽管农业就业比重持续下降，但在绝大部分时间里农业仍然是就业比重最高的行业，只是到了 2002 年才被服务业所超出。工业就业比重是三次产业中最低的，但一直保持增长趋势，36 年里就业比重增加了 10.2 个百分点，增幅达 88%。不过进入 21 世纪后开始出现下降趋势，这与其产出结构的变化是一致的。服务业的就业比重一直持续上升并在 2002 年成为就业比重最高的部门，36 年里就业比重增加了 17.9 个百分点，增幅达 80%。

发展中国家在 20 世纪 70 年代的就业结构与美国工业化时期 1840 年的就业结构基本接近，与美国工业化时期三次产业就业结构的变化相比，发展中国家的就业结构还是存在较大差异的。首先，美国在工业化过程中，农业的就业比重表现为大幅度的下降，从 83.5% 减少到 13.3%，下降了 70.2 个百分点。工业、服务业的就业比重迅速增长，其中工业就业比重上升了 30 个百分点，服务业就业增长了 40.2 个百分点，并且服务业的就业比重在 1910 年超过农业就业比重居三大产业就业之首，工业的就业比重也在 1920 年超过农业就业比重而仅次于服务业。到工业化后期，三次产业就业结构演变为服务业就业比重最高，工业次之，农业最低。而发展中国家在工业化时期，农业就业比重的减少显然不如美国，1970 年以来只是降低了 27.7 个百分点。农业部门在较长的一段时间里仍然是就业比重最高的部门，服务业的就业比重只是到了 2002 年才超过农业居首位，工业就业比重最低的局面至今尚未改变。其次，发展中国家在工业化过程中，工业、服务业的就业比重增长显然不如美国工业化时期工业、服务业就业比重的增幅。发展中国家在 1979～2005 年内，工业服务业就业比重增幅均不到 1 倍，工业、服务业基本保持同比例的增长幅度。美国在整个工业化阶段，工业就业比重增加了 30 个百分点，服务业就业增加了 40 个百分点。到工业化后期，工业就业比重比工业化初期增长了 5 倍多，服务业就业比重也增长了 4 倍多。可见，美国在工业化阶段，工业的就业增幅是要快于服务业的就业增幅。发展中国家就业结构的变化表明了在工业化的进程中，工业、服务业未能有效地承接从农业部门转移出来的劳动力，农业部门仍然滞留了较多的剩余劳动力。

发展中国家经济结构模式与美国起飞时期相比，农业劳动力转移的速度明显缓慢得多。究其原因，大致有三方面：一是 20 世纪发展中国家所面临的人口压力远远超过工业化时期的美国，如印度、印度尼西亚都是人口众多的国家。二是发展中国家工业的资本密集度和生产率水平远高于美国工业化初期，工业所能吸纳的就业人口比美国工业化初期小得多，因而缩小了农业劳动力转移的空间。三是在发展中国家普遍存在"伪装失业"的现象，这个事实已被发展经济学家广泛接受。发展中国家的"伪装失业"很大一部分是隐藏于服务业的，特别是在城市的传统服务业部门。这些部门从经济发展的角度看并不是与发展要求相适应的先进部门，故被称为城市的"非正式部门"。众所周知，现代经济增长过程实际上是工业化和城市化过程，农村人口大量涌入城市，在城市现代工业无法吸纳从农村转移过来的剩余劳动力的情况下，它们主要是进入城市中的"非正式部门"。但在人口就业的统计上来说，"非正式部门"的就业人数很难被统计到，往往被忽略，有的干脆统计为农业就业人口。因此可以说，起飞时间越晚，即进入工业化的时间越晚，农业劳动力转移的速度越慢，工业吸纳劳动力的能力越弱，而服务业吸纳劳动力的压力越大。

三、三次产业相对生产率的变化

发展中国家的产出结构与就业结构与 OECD 主要成员有着显著性的差异，导致两者相对生产率的变化差异。从总体变化趋势来看，发展中国家三大产业的相对生产率是在不断下降，其中工业由 1970 年的 2.76 下降到 2005 年的 1.83，降幅 34%；农业由 0.52 下降为 0.39，降幅为 25%；服务业从 1.52 下降到 1.13，降幅为 25%。进入 21 世纪以来，三次产业相对生产率下降的幅度明显减缓。在三次产业相对生产率中，工业的相对生产率最高，降幅也最大，服务业相对生产率次之，农业最低（见图 5-3）。

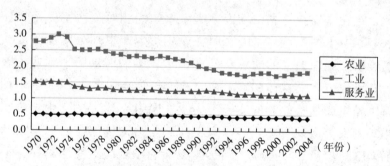

图 5-3　1970～2005 年发展中国家三次产业相对生产率变化趋势
资料来源：根据表 5-1 数据绘制。

发展中国家三次产业相对生产率的变化与美国工业化时期三次产业相对生产率的变动相比较存在明显不同。首先，发展中国家三次产业相对生产率的变化明显不如美国那么剧烈，变化相对平稳。美国在工业化时期，三次产业相对生产率的变幅很大，工业、服务业相对生产率从一个较高的数值下降到一个较低的数值上，只是到了工业化后期，变动才相对平稳。其次，美国在一个相当长的时期，服务业的相对生产率要比工业的高，只是到了工业化后期的 1940 年，工业的相对生产率才超过服务业。而发展中国家工业相对生产率始终高于服务业。最后，美国农业的相对生产率在工业化时期尽管波动较大，但整体趋势是上升的。发展中国家农业相对生产率始终处于下降的趋势，而且数值要比美国低。造成这种变动差异的主要原因有三：一是发展中国家三次产业结构的变动明显不如工业化时期美国三次产业结构变动剧烈。二是美国在工业化时期，劳动力迅速向工业和服务业转移，一方面使美国由于工业、服务业就业人数的剧增导致其相对生产率迅速下降，另一方面农业因劳动力的锐减而提高了相对生产率。发展中国家农业劳动力的转移比较缓慢，农业还滞留了较多的剩余劳动力，故农业的相对生产率较低且仍处于下降趋势。三是发展中国家进入工业化阶段的时间虽晚，但工业化的起步反而高，现代工业的资本密集度和生产率水平远远高于美国工业化初期，工业吸纳的就业人口比美国工业化初期小得多，因此发展中国家工业相对生产率的降幅不如美国大，长期保持在一个较高的数值上。

发展中国家三次产业相对生产率的变化与后工业化时期 OECD 八成员相比也存在差别：首先，发展中国家农业的相对生产率比 OECD 八成员国农业相对生产率低，工业、服务业相对生产率却分别高于 OECD 国家。这表明发展中国家的农业仍然滞留了较多的劳动力，工业、服务业吸纳就业不充分。其次，OECD 成员三次产业的相对生产率变化幅度不大，特别是工业和服务业的变幅更小，发展中成员三次产业相对生产率的变幅却很大。这说明发展中国家三次产业结构仍然在处于不断调整之中，而 OECD 成员三次产业之间结构逐渐趋于合理，变动趋缓，主要的结构调整体现在服务业内部结构变化上。

第二节 发展中国家服务业内部行业相对生产率的变化分析

受数据的限制，本书对发展中国家服务业内部行业的分类只能依据 ISIC－Rev. 2 版，将服务业内部分为四大类：运输仓储、邮电通信业，批发零售贸易、饭店旅馆业，金融保险不动产业，社会服务、个人服务业。尽管与辛格曼的四分法略有不同，但两者的分类还是具有很大的相似性，如发展中国家的运输仓储、邮电通信业加上批发零售贸易、饭店旅馆业，相当于 OECD 成员的流通类服务业和个人服务业；金融保险不动产业相当于 OECD 成员的生产类服务业；社会服务、个人服务业相当于 OECD 成员的社会类服务业，包括教育卫生服务业、公共管理服务业和社会保障服务业。总的来说，发展中国家服务业内部的分类与 OECD 成员的分类基本一致，具有可比性。

一、服务业内部行业产出结构的变化

在发展中国家服务业的内部行业中，增加值比重最高的行业是批发零售贸易、饭店旅馆业，其次是社会服务、个人服务业，这两类服务业的增加值占整个服务业增加值的比重达 77.91%，运输仓储、邮电通信业增加值比重居第三，占服务业增加值的比重为 13.58%，金融保险不动产业的增加值比重最低，仅占服务业增加值的 8.5%。金融保险不动产业的增加值比重从 1992 年开始超过运输仓储、邮电通信业的增加值比重，但 1998 年以后，由于受亚洲金融危机的影响，金融保险不动产业增加值比重迅速下降并再次低于运输仓储、邮电通信业的增加值比重，至今尚未超过（见图 5-4）。批发零售贸易、饭店旅馆业和社会服务、个人服务业的增加值占服务业的比重很高，但是两类服务业的增加值比重在不断下降，其中，批发零售贸易、饭店旅馆业的增加值比重从 1970 年的 44% 下降到 2005 年的 37%；社会服务、个人服务业的增加值比重也由 33% 下降为 25%。运输仓储、邮电通信业和金融保险不动产业的增加值比重尽管不高，但显示出较强的增长势头，其中，运输仓储、邮电通信业的增加值比重从 1970 年的 13.58% 提高到 2005 年的 20.04%，增长了 6.5 个百分点；金融保险不动产业的增加值比重也由 8.5% 上升到 17.47%，增长将近 9 个百分点，如果不是受 1998 年亚洲金融危机的影响，其增幅可能还会更大一些（见表 5-2）。

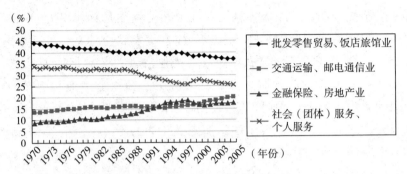

图5－4　1970～2005年发展中国家服务业内部行业增加值比重变化趋势

资料来源：根据表5－2数据绘制。

表5－2　　1970～2005年发展中国家服务业内部结构及相对生产率　　　单位:%

年份	运输仓储、邮电通信业			批零贸易、饭店旅馆业			金融保险不动产业			社会服务、个人服务业		
	Ⅰ	Ⅱ	Ⅲ	Ⅰ	Ⅱ	Ⅲ	Ⅰ	Ⅱ	Ⅲ	Ⅰ	Ⅱ	Ⅲ
1970	13.58	11.06	1.77	44.13	40.91	1.67	8.50	5.95	2.03	33.78	42.09	1.20
1971	13.47	11.00	1.80	44.05	40.83	1.63	9.33	6.00	2.05	33.15	42.18	1.21
1972	13.73	10.91	1.92	43.19	40.94	1.62	9.41	6.10	2.11	33.67	42.06	1.25
1973	14.02	10.91	1.94	43.40	41.00	1.61	9.53	6.04	2.13	33.04	42.05	1.22
1974	14.39	10.93	1.99	43.22	41.30	1.59	9.33	6.06	2.15	33.06	41.70	1.22
1975	14.56	10.69	1.95	42.48	41.02	1.44	9.48	6.02	2.10	33.48	42.27	1.06
1976	14.84	11.34	1.82	42.15	40.32	1.43	9.81	5.77	2.17	33.20	42.57	1.02
1977	15.03	11.53	1.75	41.98	39.92	1.41	10.12	5.57	2.21	32.87	42.98	0.98
1978	15.23	11.38	1.81	41.98	39.99	1.42	10.5	5.48	2.28	32.29	43.15	0.97
1979	15.52	11.53	1.84	41.57	40.17	1.39	10.52	5.44	2.38	32.39	42.87	1.00
1980	15.83	11.54	1.83	41.54	40.44	1.34	10.45	5.29	2.34	32.19	42.72	0.97
1981	15.43	10.96	1.83	41.63	40.56	1.32	10.24	4.78	2.37	32.71	43.70	0.95
1982	15.38	11.11	1.79	41.48	40.37	1.30	10.55	5.16	2.25	32.59	43.35	0.94
1983	15.27	11.28	1.77	40.69	41.09	1.26	11.59	5.10	2.37	32.46	42.53	0.96

续表

年份	运输仓储、邮电通信业			批零贸易、饭店旅馆业			金融保险不动产业			社会服务、个人服务业		
	I	II	III	I	II	III	I	II	III	I	II	III
1984	15.81	11.36	1.82	40.26	41.65	1.24	11.72	5.04	2.38	32.2	41.96	0.97
1985	15.84	11.37	1.82	40.15	42.10	1.24	11.69	4.92	2.37	32.32	41.60	0.99
1986	15.98	10.91	1.90	39.57	42.75	1.18	12.01	4.99	2.31	32.44	41.35	0.98
1987	16.00	11.11	1.85	39.46	42.92	1.16	12.72	4.88	2.39	31.81	41.09	0.96
1988	15.95	11.20	1.81	39.83	43.17	1.17	12.81	4.80	2.36	31.41	40.83	0.95
1989	15.93	11.30	1.79	40.16	43.74	1.15	13.78	4.89	2.41	30.13	40.07	0.93
1990	15.81	11.49	1.75	40.16	43.21	1.17	14.70	5.22	2.39	29.33	40.08	0.90
1991	15.75	11.62	1.72	40.24	43.36	1.16	15.21	5.36	2.37	28.79	39.65	0.89
1992	15.66	11.72	1.72	40.08	42.83	1.19	16.15	5.45	2.52	28.12	40.00	0.88
1993	15.32	12.19	1.58	39.38	42.81	1.14	17.61	5.71	2.52	27.69	39.30	0.86
1994	15.68	12.36	1.57	39.50	42.87	1.12	17.74	5.75	2.53	27.07	39.01	0.84
1995	15.87	12.60	1.53	39.85	43.11	1.10	17.80	6.05	2.48	26.48	38.24	0.82
1996	16.17	12.74	1.50	39.59	43.36	1.06	18.33	6.23	2.47	25.90	37.68	0.80
1997	16.49	12.81	1.51	39.01	43.03	1.04	18.68	6.32	2.52	25.82	37.84	0.79
1998	16.76	12.82	1.53	38.35	42.92	1.02	17.56	6.18	2.46	27.33	38.08	0.82
1999	17.08	12.76	1.55	38.49	43.25	1.00	16.65	6.41	2.29	27.79	37.58	0.84
2000	17.84	13.00	1.59	38.39	44.61	0.96	16.43	6.51	2.26	27.33	35.88	0.86
2001	18.39	12.90	1.66	37.98	44.41	0.96	16.57	6.82	2.28	27.05	35.88	0.86
2002	18.80	13.04	1.68	37.52	44.99	0.94	17.10	6.82	2.33	26.58	35.13	0.86
2003	19.37	13.03	1.72	37.22	45.16	0.93	17.22	7.24	2.22	26.19	34.57	0.86
2004	19.81	13.23	1.69	37.03	45.42	0.91	17.32	7.24	2.25	25.85	34.12	0.84
2005	20.04	13.26	1.73	37.04	45.20	0.92	17.47	7.22	2.30	25.44	34.33	0.83

注：表中数据来自印度、印度尼西亚、泰国、马来西亚、菲律宾五国的简单算术平均值。其中，
I 代表产出比重、II 代表就业比重、III 代表相对生产率。

资料来源：笔者根据 http：//www.ggdc.net/dseries/网站数据计算而得。

与美国、OECD 成员服务业内部行业产出结构相比，发展中国家服务业内部行业产出结构有明显差异。发展中国家服务业的发展主要是靠传统服务业发展带动的，现代服务业发展滞后，政府管理等公共服务业比较发达。例如批发零售贸易、饭店旅馆业在发展中国家服务业的比重中很高，尽管 1970 年以来比重呈现下降趋势，但到 2005 年增加值比重仍然高达 37%。2003 年，美国的这一比重仅为 19.4%（批发零售贸易的增加值比重加个人服务业的比重，OECD 成员也是如此），OECD 八成员的这一比重也只有 21%。再来看运输仓储、邮电通信业增加值比重的变化趋势。发展中国家的运输仓储、邮电通信业的增加值比重一直以来都高于发达国家，并且逐年在上升，到 2005 年这一比重高达 20%。而美国和 OECD 八成员的运输仓储、邮电通信业的增加值比重却一直是处于下降的趋势，在 2003 年，美国的这一比重仅有 7.46%，OECD 八成员为 9.19%，均大大低于发展中国家同时期的比重。发展中国家的社会服务、个人服务业占有较高的比重，主要是因政府管理机构的庞大所致。美国和 OECD 八成员的社会类服务业也占有较大比重，但其主要原因是这些国家实行高福利政策导致教育、卫生、社会保障等服务业发达，两者有着本质的区别。发展中国家的金融保险不动产业的增加值比重虽然增幅较大，但相对于发达国家而言比重仍然很低。2005 年发展中国家的金融保险不动产增加值比重为 17.47%，而 OECD 成员 2003 年的这一比重高达 40%。发展中国家服务业内部增加值的构成表明了在发达国家中已处于衰退的行业如批发零售业、饭店旅馆业在发展中国家的服务业中仍然具有重要的地位。在发达国家中同样处于衰退的运输仓储、邮电通信业却在发展中国家得到快速发展，增加值比重一直处于上升的趋势。发达国家服务业中迅速发展的金融保险房地产业在发展中国家虽有一定程度的发展，但在服务业中的比重并不大。发展中国家服务业的发展仍然以传统服务业为主，服务业内部结构低级化程度明显。

二、服务业内部行业就业结构的变化

就发展中国家服务业内部四个层次就业比重来看，批发零售贸易、饭店旅馆业的就业比重最高（不过在 1984 年以前却是社会服务、个人服务业的就业比重最高），其次是社会服务、个人服务业。这两类服务业的就业占整个服务业就业比重高达80%。运输仓储、邮电通信业就业比重居第三位，金融保险不动产业的就业比重最低。从各层次的就业比重变化来看，就业比重增长较快的行业是批发零售贸易、饭店旅馆业，增长了4.3个百分点。其次是运输仓储、邮电通信业，增长了2.2个百分点。金融保险不动产业的就业比重也缓慢地上升了1.3个百分点。只有社会服务、个人服务业的就业比重下降，总共下降了7.8个百分点。总的来说，发展中国家服务业内部就业结构的变动并不大（见图5-5）。

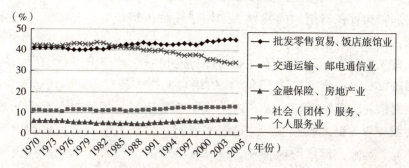

图5-5　1970~2005年发展中国家服务业内部行业就业比重变化趋势
资料来源：根据表5-2数据绘制。

　　发展中国家服务业内部行业就业结构的变化趋势与发达国家也存在较大的差异。发展中国家服务业的就业主要集中在传统服务部门，现代服务部门的就业比重特别低。比如批发零售、饭店旅馆业，运输仓储、邮电通信业，社会服务、个人服务业的就业比重均要大于同时期美国和OECD主要成员相同行业的就业比重。发展中国家的金融保险不动产业的就业比重大大低于发达国家的生产类服务业的就业比重，只有发达国家就业比重的1/3。在发达国家服务业的就业比重中处于下降的行业如交通运输、邮电通信业，批发零售贸易、饭店旅馆业，在发展中国家服务业的就业比重中却处于上升的趋势。发达国家的生产类服务业的就业比重上升较快，但在发展中国家却只有微弱的增加。此外，发展中国家政府部门的就业比重普遍较高，而且从业者一般受教育程度较高。政府部门高就业的原因主要有两个方面：一方面，发展中国家工业相对落后不足以吸纳过剩的劳动力，那些受到教育程度较高的从业人员就业选择十分狭窄，政府为了保证这部分人员的就业只有不断扩大政府部门的规模；另一方面，由于发展中国家的制度普遍不健全，大量本应属于社会中介机构的工作现在必须由政府部门来组织实施，因此迫使政府又不得不增加就业岗位和人员。

三、服务业内部行业相对生产率的变化

发展中国家服务业内部行业增加值结构、就业结构与发达国家服务业内部结构存在着很大的差异，这种差异会在相对生产率的变化上体现出来。

首先来看发展中国家服务业内部行业相对生产率的变化情况。从图5－6可以看出，金融保险不动产业的相对生产率最高，其次是运输仓储、邮电通信业，批发零售贸易、饭店旅馆业居第三，相对生产率最低的是社会服务业、个人服务业。高于服务业相对生产率的行业有金融保险不动产业、运输仓储邮电通信业，批发零售贸易、饭店旅馆业和社会服务业、个人服务业相对生产率的值低于服务业的相对生产率。从变化趋势来看，金融保险不动产业的相对生产率在 1997 年之前一直处于上升趋势，但在遭遇 1998 年金融风暴之后，其值迅速下降，至今尚未有回复之迹象。交通运输、邮电通信业的相对生产率在 20 世纪七八十年代呈现上升的趋势，但进入 90 年代以来出现下降势头，但相对生产率的值仍然较高。批发零售贸易、饭店旅馆业，社会服务、个人服务业的相对生产率变化是趋于下降的，不过批发零售贸易、饭店旅馆业的下降幅度要更大，目前这两类服务业相对生产率的值已比较接近。

与西方发达国家服务业内部行业的相对生产率相比，发展中国家服务业内部行业相对生产率的变化表现出两个明显特点：一是内部行业相对生产率的值普遍偏高。发展中国家的金融保险不动产业，交通运输、邮电通信业，批发零售贸易、饭店旅馆业的相对生产率数值显著高于发达国家对应行业相对生产率的值，社会服务业、个人服务业相对生产率的值也要高于发达国家；二是内部行业相对生产率的变化幅度比较大。发达国家服务业内部行业相对生产率的变化一般较为平稳，发展中国家

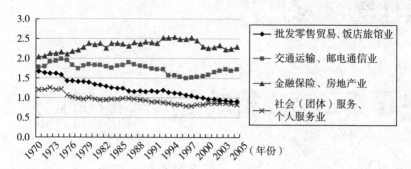

图 5 - 6　1970 ~ 2005 年发展中国家服务业内部行业相对生产率变化趋势
资料来源：根据表 5 - 2 数据绘制。

服务业内部行业相对生产率的变动却非常剧烈。例如，发展中国家的批发零售贸易、饭店旅馆业和社会服务、个人服务业的相对生产率从 1970 年的 1.67、1.20 分别降到 2005 年的 0.92 和 0.83，变动幅度高达 45% 和 31%，而发达国家社会服务业、批发零售贸易业的相对生产率只从 1979 年的 0.86、0.73 下降为 2003 年的 0.80 和 0.71，变化甚微。

　　发展中国家服务业内部行业相对生产率的变化，反映了发展中国家服务业的发展主要是依靠商贸流通业等传统服务业的发展所带动的，这体现在这些行业的相对生产率比较高。金融保险不动产业近年来虽有一定发展，但 1998 年遭遇亚洲金融风暴后一直处于低迷状态。此外，发展中国家由于特殊的发展环境及制度不健全，政府部门的就业比重普遍偏高，因此其相对生产率比发达国家明显偏低。发展中国家整个服务业的内部结构还处于服务业发展的初级阶段，内部结构优化升级任重道远。

第六章

中国第三产业相对生产率的实证研究

本章在研究中国改革开放前后三次产业相对生产率的演变趋势的基础上，分析中国第三产业内部行业相对生产率、三次产业结构偏离度，第三产业结构效益影响因素。

第一节　中国三次产业相对生产率的演变趋势分析

一、改革开放前中国三次产业相对生产率的变化

（一）改革开放前三次产业产出结构变化

解放初期的 1952 年，我国还只是一个人口众多的农业大国，工业非常落后，经济基础十分薄弱，三次产业的产出结构为 50.5∶20.9∶28.6。在三次产业的产出构成中，第一产业的产出比重占全部国内生产总值的一半而位居三次产业之首，第三产业的产出比重也明显高于第二产业，高出 7.7 个百分点。随着 1953 年开始的全国第一个"五年计划"的实施，我国开始借鉴苏联的经济发展模式，实行优先发展重化工业的经济政策，导致三次产业的产出结构迅速发生变化：第一产业产出比重急剧下降；第二产业比重大幅度上升，并相继在 1962 年超过第三产业的产出比重、1970 年超过第一产业的产出比重而居三大产业之首；第三产业的产出比重出现连续下滑的趋势，1962 年后其产出比重一直屈居三大产业之末。到改革开放前的 1975 年，工业产出比重迅速上升了 24.8 个百分

点，农业、第三产业分别下降了 18.1 个和 6.7 个百分点，三次产业的产出结构演变为 32.4：45.7：21.9（见表 6 - 1），工业位居首位，农业次之，第三产业排在最后。

表 6 - 1　1952~2010 年中国主要年份三次产业产出、就业比重及相对生产率

年份	产出构成（%）			就业构成（%）			相对生产率		
	I	II	III	I	II	III	I	II	III
1952	50.5	20.9	28.6	83.5	7.4	9.1	0.6	2.82	3.14
1957	40.3	29.7	30.1	81.2	9.0	9.8	0.5	3.3	3.07
1962	39.4	31.3	29.3	82.1	7.9	9.9	0.48	3.96	2.96
1965	37.9	35.1	27.0	81.6	8.4	10.0	0.46	4.18	2.7
1970	35.2	40.5	24.3	80.8	10.2	9.0	0.44	3.97	2.7
1975	32.4	45.7	21.9	77.2	13.5	9.3	0.42	3.39	2.35
1978	27.9	47.9	24.2	70.5	17.3	12.2	0.40	2.77	1.98
1980	29.9	48.2	21.9	68.7	18.2	13.1	0.44	2.65	1.67
1983	32.9	44.4	22.7	67.1	18.7	14.2	0.49	2.37	1.60
1985	28.2	42.9	28.9	62.4	20.8	16.8	0.45	2.06	1.72
1987	26.6	43.5	29.9	60.0	22.2	17.8	0.44	1.96	1.70
1990	26.9	41.3	31.8	60.1	21.4	18.5	0.45	1.93	1.72
1992	21.5	43.5	35.0	58.5	21.7	19.8	0.37	2.00	1.77
1994	19.6	46.6	33.8	54.3	22.7	23.0	0.36	2.05	1.47
1996	19.5	47.5	33.0	50.5	23.5	26.0	0.39	2.02	1.27
1998	17.3	46.2	36.5	49.8	23.5	26.7	0.35	1.97	1.37
2000	14.8	45.9	39.3	50.0	22.5	27.5	0.30	2.04	1.43
2002	13.5	44.8	41.7	50.0	21.4	28.6	0.27	2.09	1.46
2004	13.1	46.2	40.7	46.9	22.5	30.6	0.28	2.05	1.33
2006	11.1	48.0	40.9	42.6	25.2	32.2	0.26	1.90	1.27
2008	10.7	47.5	41.8	39.6	27.2	33.2	0.27	1.75	1.26
2010	10.1	46.8	43.1	36.7	28.7	34.6	0.28	1.63	1.25

注：表中 I 表示第一产业，II 表示第二产业，III 表示第三产业。

资料来源：根据《中国统计年鉴》（2006、2011）有关数据计算整理。

（二）　改革开放前三次产业就业结构变化

改革开放前，三次产业的就业变化明显要比产出变化缓慢得多。中华人民共和国成立初期，三次产业的就业结构为 83.5 : 7.4 : 9.1，全国 80% 以上的劳动力聚集在农业部门，第二、第三产业的就业比重只占很小部分，即使如此，第三产业的就业比重还是要高于第二产业 1.7 个百分点。随着我国突出发展以钢铁、石化为主的重化工业，第二产业就业比重有小幅上升，但随后 1959～1961 年出现的三年自然灾害，使城市的就业人口人为地转移至农村地区，导致第二产业的就业比重又出现下降，直到 1965 年以后才开始缓慢回升，并在 1970 年超过第三产业的就业比重。1975 年，三次产业的就业结构变化为 77.2 : 13.5 : 9.3。总的说来，中华人民共和国成立后至改革开放前，三次产业的就业结构主要表现为农业就业比重缓慢下降（下降了 6.3 个百分点），工业缓慢上升（上升了 6.1 个百分点），第三产业就业比重基本不变（仅上升 0.2 个百分点）。在我国工业化初期，就业结构并不像美国和发展中国家所表现的那样农业就业比重大幅度减少，工业、服务业就业比重急剧上升的趋势，本书认为有以下几个方面的原因：一是我国在工业化初期就采取走重工业化的路线，大力发展钢铁、石油化工等重化工业，由于重化工业可以较多的实现资本、技术代替劳动力，因此这些行业和部门对劳动力的吸纳并不显著。而美国等国家在工业化初期大力发展的是纺织加工为主的劳动密集型工业，这样工业对劳动力保持较旺盛的需求。二是长期以来我国存在对第三产业的某种偏见，致使第三产业在很长一段时期内得不到政府的重视，第三产业发展缓慢因而没有真正发挥其良好的就业吸纳作用。三是我国一直实行严格的户籍管理制度，制约了要素市场上劳动力在产业之间、地区之间的自由流动，导致绝大部分劳动力被束缚在农村地区，使农业部门的就业比重居高不下。总的说来是由我国特殊的国情和体制造成的。

（三）　改革开放前三次产业相对生产率的变化

改革开放前，我国三次产业产出和就业结构不合理的变化导致三次相对生产率出现较大幅度的变化。从总的变化趋势来看：第一产业和第三产业的相对生产率在逐步下降，第二产业的相对生产率经历了从上升到下降的变化过程，呈现倒"U"形变化（见图 6 - 1），但相对生产率总体有所提高。

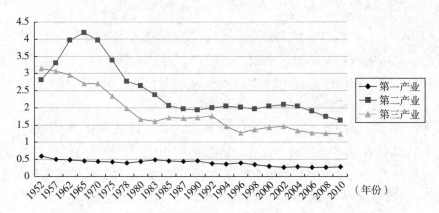

图 6 - 1　1952～2010 年中国三次产业相对生产率变化趋势

资料来源：根据表 6 - 1 数据绘制。

　　具体来看，在三次产业中，第一产业的相对生产率最低且仍在持续下降，这表明农业部门滞留了过多的剩余劳动力，产出的比重在减少，但劳动力的转出远远不够。中华人民共和国成立初期，第三产业的相对生产率要明显高于第二产业，但随着我国加快发展重化工业，第二产业的产出比重迅速上升，其相对生产率很快超过了第三产业的相对生产率。与美国工业化初期和亚洲发展中国家工业化初期相比，我国第一产业相对生产率偏低，第二、第三产业的相对生产率明显偏高。主要原因是与美国、亚洲发展中国家工业化初期发展劳动密集型工业完全不同的是，我国在建国之后优先发展重化工业，走重化工业的发展道路一方面使工业的产出增幅较大，另一方面会使就业增长相对较慢，两种情形的结果直接导致工业的相对生产率很高。第三产业因观念上的偏见和政策上的弱化长时间得不到政府的高度重视，产出比重在持续减少但就业基本不变，故相对生产率处于递减趋势，但数值仍然维持在较高水平上。

二、改革开放以来中国三次产业相对生产率的变化

（一）改革开放以来三次产业产出结构的变化

1978 年，我国开始实行改革开放政策，自此中国经济走上了健康、快速、可持续的发展道路，三次产业的产出结构也发生了很大变化。改革开放之初，我国首先在农村实行联产承包责任制的农业改革，极大解放了生产力，致使第一产业的产出比重连续几年呈现上升趋态势，之后产出比重又开始持续下降，从 1983 年的 32.9% 下降到 2010 年的 10.1%，下降幅度高达 22.8 个百分点。第二产业的产出比重经历了一个下降再到上升的过程，呈现 U 字形的变化轨迹。20 世纪 80 年代，由于国家开始重视并发展第三产业，因此第二产业的产出在 GDP 中的比重出现下滑态势，从 1980 年 48.2% 的峰值下降到 1990 年的 41.3%，下降幅度接近 7 个百分点。进入 90 年代后，第二产业又重新得到快速发展，产出比重趋于上升，到 2010 年，产出比重又几乎恢复到改革开放之初的比重，达到 46.8%。改革开放后，我国政府开始认识到第三产业在国民经济中的重要地位和作用，采取了积极有效的措施来促进第三产业的发展（如 1984 年国务院做出了关于发展第三产业的决定、2007 年国务院出台了关于加快发展服务业的若干意见等），第三产业在一定程度上得到较快发展，在三次产业中的比重逐年提高，1985 年开始超过第一产业的产出比重，仅次于第二产业的产出比重，改革开放后的 32 年时间，第三产业的产出比重提高了 18.9 个百分点。2010 年，我国三次产业的产出比重分别为 10.1∶46.8∶43.1，形成了工业和服务业并驾齐驱的"二三一"的产出结构（见图 6-2）。

无论是与同一时期西方发达国家的产出结构相比，还是与同处于工业化时期的亚洲发展中国家相比，我国三次产业的产出结构存在较大差异，结构十分不合理，主要表现在我国第二产业的产出比重显著偏高，第三产业的产出比重偏低，第一产业的产出比重与发达国家相比也明显偏高。西方发达国家和亚洲发展中国家三次产业的产出结构一致地表现为，服务业的产出比重＞工业的产出比重＞农业的产出比重，而我国却

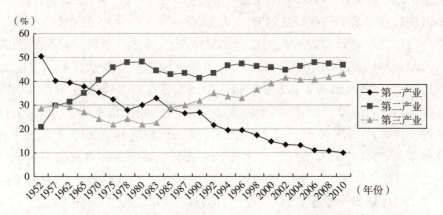

图6－2　1952～2010年中国三次产业产出结构变化趋势

资料来源：根据表6－1数据绘制。

表现为第二产业的产出比重最大，第三产业的产出比重也一直到1985年才首次超过第一产业的产出比重位居第二位。具体比较来看：OECD八个成员在2003年三次产业的产出结构为1.9∶26.2∶72；2005年亚洲五个发展中国家三次产业的产出比重分别是14.7∶39.8∶45.5；而我国2010年三次产业的产出结构是10.1∶46.8∶43.1。我国第二产业的产出比重高于OECD八个成员工业的产出比重20.6个百分点，高于亚洲发展中国家工业的产出比重7个百分点；第三产业的产出比重要比OECD成员服务业的产出比重低28.9个百分点，比亚洲发展中国家低2.4个百分点；第一产业的产出比重大大高于OECD八个成员的农业产出比重，但要低于亚洲五个发展中国家的农业产出比重。

（二）改革开放以来三次产业就业结构的变化

改革开放之初，我国劳动力就业主要集中在农业部门，当时第一产业的就业占总就业比重的70.5%，第二、第三产业的就业比重都不高，两个部门的就业比重之和占总就业比重的三成左右，但第二产业的就业比重还是要高于第三产业的就业比重。随着改革进程的不断加快，第一产业就业比重持续下降，第二、第三产业就业比重连续上升，农业部门的剩余劳动力分别流向第二和第三产业，但第三产业吸纳的劳动力明显要多于第二产业。尽管如此，在整个 20 世纪 80 年代，第二产业的就业比重仍然要高于第三产业。进入 90 年代以来，第一产业的就业比重继续下降，第二产业对劳动力的吸纳能力明显减缓，第三产业仍然保持较强吸纳劳动力的趋势，这个阶段第三产业的就业比重上升较快，第二产业就业比重上升缓慢，1994 年第三产业就业比重超过第二产业就业比重居第二位。1978 ~ 2010 年的 32 年里，第一产业的就业比重下降了 33.8 个百分点，几乎是 1978 年的一半，而第二、第三产业的就业比重分别上升了 11.4 个和 22.4 个百分点，第三产业吸纳从农业部门转移出来的剩余劳动力几乎是第二产业的 2 倍。到 2010 年，我国三次产业的就业比重分别为 36.7∶28.7∶34.6，形成了"一三二"的就业结构（见图 6-3）。

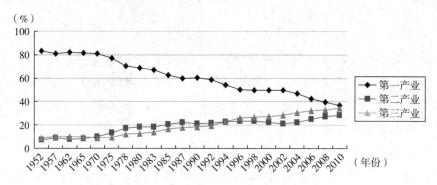

图 6-3　1952 ~ 2010 年中国三次产业就业结构变化趋势

资料来源：根据表 6-1 数据绘制。

与国外发达国家和发展中国家的就业结构相比，我国第一产业就业比重太高，第三产业就业比重很低。改革开放之初的 1979 年，与 OECD 八个成员就业结构相比，我国第一产业的就业比重几乎是 OECD 成员农业就业比重的 10 倍，而第三产业的就业比重却只有 OECD 成员服务业就业比重的 21%，第二产业的就业比重只有 OECD 成员工业的就业比重的 52%。与亚洲发展中国家相比，我国第一产业的就业比重也高于亚洲发展中国家的农业就业比重 12 个百分点，第三产业就业比重相比却低了 15 个百分点，但我国第二产业的就业比重高于亚洲发展中国家工业就业比重 3 个百分点。随着我国工业化进程的进一步深化，三次产业之间劳动力的结构也在发生变化，第一产业就业比重显著下降，第二、第三产业就业比重持续上升，特别是第三产业的就业比重上升幅度更大。尽管我国的就业结构在不断趋于合理，但与 OECD 国家相比，第一产业就业比重还是明显偏高，是 OECD 成员农业就业比重的 7 倍；第三产业就业比重明显偏低，还不到 OECD 成员服务业就业比重的一半；第二产业就业比重已经超出 OECD 成员工业就业比重 5.5 个百分点。与亚洲发展中国家相比，我国第一产业就业比重高了 7 个百分点，第三产业就业比重低了 9 个百分点，第二产业的就业比重略高于亚洲发展中国家的工业就业比重。在我国工业化过程中，劳动力在三次产业之间的变化趋势与美国和亚洲发展中国家工业化时期的变化趋势是高度一致的，即第一产业的就业比重大幅度下降，第二、第三产业的就业比重显著上升，尤其是第三产业显示出较强吸纳劳动力的特点。但是因美国进入工业化时期较早，在工业化阶段，美国工业的就业比重要大大高于发展中国家以及中国的工业就业比重。因此，一个国家或地区经济的起飞时间越晚，即进入工业化的时间越晚，农业部门劳动力转移的速度越慢，工业吸纳劳动力的能力越弱，而服务业吸纳劳动力的压力也就越大。基于此，我国工业化过程中三次产业之间劳动力的变化趋势与亚洲发展中国家工业化时期劳动力的变化趋势更为接近。

（三）　改革开放以来三次产业相对生产率的变化

就三次产业相对生产率的数值来说，第二产业的相对生产率最高，第三产业相对生产率次之，第一产业最低。从三次产业相对生产率的变化趋势来看，自改革开放以来，三次产业的相对生产率总体上呈现出下降的趋势，但不同的时间段表现出明显的差异变化（见图 6-3）。党的十一届三中全会后，我国率先在农业领域进行了以农村联产承包责任制为核心的一系列改革，极大地解放了生产力，第一产业的相对生产率在这一时期开始有所提高，从 1978 年的 0.4 提高到 1984 年的 0.5；此后，第一产业相对生产率进入持续缓慢的下降过程中，到 2010 年仅有 0.28。进入 20 世纪 80 年代中期，我国开始采取有效措施积极发展第三产业，国务院在 1984 年出台了关于发展第三产业的若干决定，致使第三产业的相对生产率在 1985 年以后的一段时间里表现出明显的上升趋势，1992 年以后又开始进入持续的下降过程，不过 90 年代以来的下降幅度明显要快于 80 年代中早期，到 2010 年第三产业相对生产率保持在 1.25，越来越接近数值 1。第二产业相对生产率在整个 80 年代有较大幅度的下降，从 1978 年的 2.77 降到 1990 年的 1.93。进入 90 年代后，我国开始加快工业化进程，各级政府纷纷通过大力发展工业来促进地方经济增长，工业园、开发区随处可见，第二产业的相对生产率停止下跌趋势，在波动中微弱上升，相对生产率的值长时间保持在 2 上下波动。80 年代，我国第二、第三产业相对生产率之间的差距在逐渐缩小，但进入 90 年代以后，这种差距又开始拉大，这种变化在一定程度上表明了我国产业的相对生产率容易受国家政策的影响，当国家出台有利于某项产业发展的政策时，该产业的相对生产率必然会有一个明显上升的时期。也就是说，相对生产率对政策的反映比较敏感。

无论是与 OECD 主要成员还是与亚洲发展中国家三次产业相对生产率相比，我国三次产业的相对生产率都存在较大的差异，这种差异主要表现在我国第一产业相对生产率明显偏低，第二、第三产业相对生产率显著偏高，[①] 特别是第二产业相对生产率过高。以 2010 年为例，我国第一产业相对生产率仅有 0.28，而亚洲发展中国家这一数值是 0.39（2005 年的数值），OECD 八个成员是 0.59（2003 年的数值）。我国第二、第三产业的相对生产率分别是 1.63 和 1.25，亚洲发展中国家分别是 1.83 和 1.13（2005 年的数值），OECD 成员这一数值为 1.13 和 0.98（2003 年的数值）。造成我国第一产业相对生产率偏低而第二、第三产业相对生产率偏高的原因是多方面的。首先，我国农业还处在以传统农业为主的发展阶段，农业现代化、机械化程度不高，生产方式非常落后，导致第一产业的产出十分低下、就业人数较多。国外农业现代化程度高，机械化耕作、集约化经营，农业部门的生产率高，产出自然也很高。其次，当前我国正处于工业化高速发展阶段、随着工业化进程的加快以及工业市场的对外开放，第二产业的产出增长较快而就业增长相对缓慢，故第二产业的相对生产率很高。再次，我国长期以来实行严格的二元户籍管理制

---

① 这与郭克莎的研究结论稍有不同。郭克莎认为：与发达国家三次产业相对生产率相比，我国第二产业的相对生产率偏高而第一、第三产业的相对生产率偏低。

度限制了劳动力的自由流动，从而造成我国第一产业滞留了过多的剩余劳动力，第二、第三产业劳动力却相对供给不足。众所周知，自中华人民共和国成立以来，我国一直实行严格的城乡二元户籍管理制度，农村人口向城市转移，农业人口向第二、第三产业转移存在诸多障碍，这就意味着城市的工业、服务业很难吸纳到农村的剩余劳动力。劳动力要素市场在中国是相对封闭的，劳动力不能在城乡之间、地域之间和各个产业之间自由流动（这种情形在进入 21 世纪后得到一定的缓解，农民工群体的出现就是一个很好的例证，但在城市中还存在严重的就业歧视，即对农业户籍人口的就业限制较多）。刘易斯的二元结构模式足以描述我国农业的现状：一个传统的、人口过剩的维持生计部门，该部门的最大特点就是劳动的边际生产率为零。在国外，城乡二元户籍制度是根本不存在的，这就意味着国外劳动力要素市场是完全自由流动的，农业剩余劳动力可以向工业、服务业自由流动而不受任何限制。因此，国外的工业、服务业吸纳农业剩余劳动力是充分的、不受限制的，故其工业、服务业的相对生产率要比我国低得多，尤其是发达国家。最后，我国三次产业的相对生产率与国外相比存在较大的差异，这在一定程度上也说明了我国三次产业的结构不尽合理，产业结构偏差较为明显，结构效益也比较低。

与国外三次产业相对生产率的变化相比，我国三次产业相对生产率的变化趋势与亚洲工业化国家比较接近，而与西方发达国家存在较大不同。我国和亚洲工业化国家三次产业相对生产率的变化程度比较剧烈，波动较大，发达国家因三次产业之间的结构变化趋缓导致其相对生产率的变化也相对稳定。因此，经济社会处于不同的发展阶段，其相对生产率的变化程度也明显不一样。处于工业化发展阶段的国家或地区，其三次产业的相对生产率变化剧烈；后工业化时期，由于产业结构之间的变化相对平稳，因此相对生产率的变动也表现得更为稳定。

（四）中国第二、第三产业相对生产率差距拉大的原因分析

20 世纪 80 年代中期，我国一度非常重视发展第三产业，1984 年国务院做出发展第三产业的决定，在一定程度上有力地促进了我国第三产业的发展，第三产业的相对生产率在随后的几年时间里止跌回升。第二

产业的相对生产率在整个 20 世纪 80 年代是不断下降的，因此，在这个阶段第三产业与第二产业相对生产率之间的差距在逐渐缩小（见图 6-3）。然而自 1992 年以来，第三产业的相对生产率再次出现下降，第二产业的相对生产率较之 80 年代呈现上升趋势，第三产业与第二产业相对生产率之间的差距开始拉大，并且有持续拉大的趋势。这与发达国家三次产业相对生产率的演变趋势截然相反。钱纳里、艾尔金顿、西斯姆（1970）按 1964 年不变价美元，分别计算了人均 GNP 从 100～3000 美元时美国国民经济中三次产业的相对生产率，并总结出三次产业相对生产率的一般变动趋势：相对生产率较低的农业部门有所上升，相对生产率较高的工业、服务业大幅度持续下降，其中本来相对生产率较高的产业下降幅度更大，结果使三次产业之间的相对生产率得差距不断缩小，尤其是工业和服务业的相对生产率逐渐趋同。库兹涅茨（1971）则通过对更大样本数据的分析，计算了 59 个国家三次产业的产值比重、就业比重并由此得出三次产业的相对生产率，结果发现：按 1958 年不变价美元计算，当人均 GDP 从 70 美元增长到 1000 美元时，工业与服务业相对生产率的差距也是趋于缩小；在人均收入水平较低时，服务业的相对生产率一般高于工业；随着人均收入水平的上升，工业相对生产率的下降幅度小于服务业，工业、服务业之间的相对生产率差距在趋于缩小。可以说，库兹涅茨的研究进一步证实了钱纳里、艾尔金顿、西斯姆的研究结论。国内学者郭克莎（2001）对库兹涅茨、钱纳里、赛尔奎因等人的研究结果进行综合分析，也得出了相同的结论。

那么究竟是什么原因造成我国 90 年代以来第三产业与第二产业相对生产率的差距在不断拉大呢？笔者认为原因主要有以下几个方面：

第一，我国处于工业化加快发展时期是一个重要的影响因素。中华人民共和国成立以后，我国模仿苏联经济发展模式，走的是一条优先发展重化工业的道路，集中全国的财力、物力、人力优先发展以钢铁、石油为主的重化工业，始于 1978 年的改革开放也是在工业领域首先进行的。改革开放标志着我国开始进入工业化快速发展时期，工业部门本身的技术进步和吸纳国外先进技术的效应不断显现出来，促进工业的产出迅速增加，劳动生产率显著提高。但是工业部门的技术进步大都是劳动力节约型的，以资本和技术替代劳动力，因此造成技术和资本"排挤"

劳动力的状况。特别是 20 世纪 90 年代以来我国对国有大中型工业企业进行了一系列减员增效的改革，第二产业，特别是传统的劳动密集型制造业释放出大量的下岗员工。加之当前我国正在努力调整经济增长的方式，促进经济从粗放式增长到集约型增长转变，更加注重经济增长的质量和效益，第二产业越来越注重依靠科技进步而不是依靠劳动力的投入来实现增长。这些因素综合的结果就是我国在工业化加快发展的时期，第二产业的相对生产率会处于一个上升的稳定趋势，至少短时期内不会出现大幅度下跌。

第二，第三产业的就业增长要比第二产业就业增长快。一方面，我国农业人口众多，随着农业机械化程度的提高和技术进步，农业部门的就业人数会持续减少。另一方面，我国工业刚刚经历过过度投资问题，如今又面临着结构调整和产业转型升级的重任，一时难以吸纳较多的就业人数。因此决定了我国新增的就业人数以及从农业部门转移出来的剩余劳动力大多只能进入第三产业就业，而且第三产业在吸纳劳动力就业方面有着自己独特的优势：第三产业包涵行业多，门类广，其内部既有劳动密集型部门，也有新兴的技术、资本、知识密集型的部门，就业和创业的方式灵活多样，能够吸纳大量不同层次的人员就业。发达国家产业发展的经验表明，制造业发展到一定规模和水平后，随着产业结构升级和技术进步加速，其吸纳就业的能力开始下降，第三产业成为吸纳就业的主要行业。第三产业具有较强吸纳劳动力的功能也是我国政府制定大力发展第三产业政策的重要理论依据之一。事实上，第三产业已经成为我国新增就业和承接从农业中转移出来剩余劳动力的主要行业，从 1991~2010 年，我国第一产业减少就业 11167 万人；第二产业增加就业 7827 万人，尚不及抵消第一产业所减少的就业人数；第三产业增加就业人数 13954 万人，表明这段时间新增的就业人数全部被第三产业所吸纳。第三产业日益增多的就业人数必然会影响其相对生产率的提高。

第三，第三产业的劳均增加值的增长速度要慢于工业的增长速度。按照 1990 年的不变价格计算，我国三大产业的劳均增加值在 1991~2009 年①都保持了一定的增长，其中第二产业的增长速度最快，从 1991 年的

---

① 笔者根据《中国统计年鉴》（2011 年）相关数据计算整理。

6229.4元/人增长到2009年的34319.6元/人，年均增幅为9.4%；第三产业劳均增加值的增速次之，同期年均递增6.1%；第一产业劳均增加值的增长稍慢于第三产业，也达到5.5%。但同一时期三次产业的从业人员劳均增加值的年均增速为9.1%，也就是说只有第二产业的劳均增加值的增速超过了三次产业的平均增速，第一产业、第三产业的增速均落后平均增速。第三产业劳动增加值的增速较慢也直接影响其相对生产率的提高。

第四，第三产业内部各行业相对生产率大小差异显著、两极分化严重。我们知道，第三产业内部既有劳动密集型的"技术停滞"部门，如住宿、餐饮和个人服务等，也有资本技术密集型的"技术进步"部门，如通信业、金融证券业等，这两类不同服务部门的相对生产率差异十分显著。我国第三产业内部各行业相对生产率的两极分化现象尤其严重，相对生产率最高的房地产业、金融保险业，其相对生产率的值都在10以上，而最小的农林牧渔服务业、其他服务业的值仅为0.03~0.07，两者相差好几百倍。正是第三产业内部行业存在相对生产率极其低下的服务部门，从而影响了整体第三产业相对生产率的提高。

第五，第二、第三产业不同的资源配置格局影响了它们相对生产率的变动。在我国第三产业内部行业里，由于很多部门在国民经济中占据着非常重要的地位，有些还涉及国家主权、国家经济安全和社会就业等问题。因此，我国对这些部门实行较为严格的管制，市场开放程度比较低，非国有经济不能进入或难以进入，国有经济居垄断地位或一统天下的局面没有发生根本变化。垄断导致同一产业中竞争不足，市场机制不能有效发挥调节作用，导致产业生产率的提高相当缓慢。而第二产业尤其是工业部门，市场开放程度较高，进入门槛很低，非国有经济特别是乡镇企业、民营企业和外商投资企业大量进入，使产业之间的竞争程度日益强化（这在消费品工业表现尤为突出），市场机制的调节功能得到充分发挥，从而推动产业生产率迅速提高。

第六，劳动力就业的逆向流动。[①] 近年来第三产业成为劳动力就业的

---

① 陈凯：《我国工业、服务业比较生产率差距拉大：现象与原因》，载于《统计与决策》2006年第5期，第81页。

主要部门是一个不争的客观事实，即便如此，第三产业内部各行业吸纳劳动力的数量是完全不一样的，各行业之间存在着巨大的差距。从表6-5中可以看出，批发零售贸易餐饮业、其他行业和农林牧渔服务业是我国第三产业解决就业的三大支柱行业，2003年三大行业就业人数占第三产业总就业人数的比重高达到66.7%，其中农林牧渔服务业、其他行业在1991~2003年就业比重在趋于上升，尤其是其他行业的就业比重增速很快，批发零售贸易餐饮业的就业比重尽管下降了，但也只降低了1个百分点。而地质勘查水利管理业、卫生体育和社会福利业、科学研究和综合技术服务业、国家机关、政党机关和社会团体在1991~2003年就业人数出现负增长。第三产业内部相对生产率最高的金融保险业、房地产业、科学研究和综合技术服务业在2003年就业总数还不到第三产业总就业人数的3%，在1991~2003年，金融保险业、科学研究和综合技术服务业的就业比重是在不断下降的，房地产业的就业比重缓慢增长。第三产业内部的高效部门就业容量小且增长缓慢也使得第三产业在整个国民经济中的增加值比重增长缓慢。我国劳动力向第三产业转移主要流向第三产业乃至整个国民经济中生产效率最低的部门，这种劳动力就业向低效部门的逆向流动是造成我国第三产业相对生产率下降的重要原因。

劳动力就业的逆向流动是发展中国家遇到的一个较为普遍的问题，托达罗（1970）提出的"非正式部门"理论或许可以解释这种现象。托达罗认为现代发展中国家的发展事实是，转移到城市中的农村剩余劳动力能够被现代工业部门所吸纳的数量越来越少，大部分就业者只能长期滞留在城市的传统部门，这些城市传统部门主要是指第三产业中的传统服务部门，如批发零售商贸业、住宿餐饮业、个人生活服务业。这些低质量劳动力缺乏必要的职业技能，难以进入国民经济中的资本密集、知识密集、技术密集型行业，而只能进入那些生产率极低、收入不高的行业部门，创造极低的价值，并且还会进一步恶化收入的两极分化。"非正式部门"在经济发展中的作用到目前并不十分清楚，其主要作用是吸收劳动力，解决农业剩余劳动力以及城市里受教育程度低的劳动者的就业问题。在拉丁美洲，1990~1993年新增的劳动力有83%进入"非正式部门"就业；在非洲，城市居民中的2/3从这个部门中获得生存来源。

第二节　中国第三产业内部行业相对生产率分析

中国第三产业的统计口径与国际通用的统计口径之间存在着较大差异，为了便于国内外第三产业内部行业相对生产率进行对比，本书对我国第三产业内部行业的分类采用国家统计局1985年开始使用的四层次划分法，将我国第三产业内部众多行业划分为四个层次：第一层次主要是流通部门，包括交通运输仓储业、邮电通信业、批发零售贸易餐饮业；第二层次主要是为生产和生活服务部门，包括金融保险业、地质普查业、房地产业、社会服务业、公用事业、居民服务业、旅游业、咨询信息服务业和各类技术服务业等；第三层次主要是为提高科学文化水平和居民素质服务的部门，包括教育、文化、广播电影电视业，科学研究事业，卫生、体育和社会福利事业等；第四层次主要是为社会公共需要服务的部门，包括国家机关、政党机关、社会团体，以及军队和警察等。实际上，我国四个层次的分类法与辛格曼的四分法大致相同，我国的第一次层次包括了辛格曼的流通类服务业和个人服务业，第二层次与生产类服务业完全一致，第三、第四层次相当于社会类服务业。

由于我国对第三产业内部行业的增加值和就业统计始于1990年，2004以后又开始执行新的行业统计标准，与原来的统计口径相比发生较大变化。因此，对我国第三产业内部行业的增加值变化和就业的构成分析只能从1991~2003年，时间虽然不长，但仍然可以清晰地看出第三产业内部行业的结构演变趋势。

一、中国第三产业内部行业的产出结构变化

表6-2反映了我国第三产业内部四个层次增加值在1991~2003年的变化情况，表6-3则具体反映了我国第三产业内部各行业在此期间增加值的变化情况。从表6-2、表6-3可以看出，第三产业第一层次的增加值比重在逐年递减，从1991年的48.4%下降到2003年的40.5%，降幅达7.9个百分点；第二层次的增加值比重呈上升趋势，由32.3%上升到

39.0%，增幅比较显著；第三层次增加值虽也呈现上升趋势，但上升幅度不大；第四层次有微弱的下降。也就是说在 1991～2003 年，我国的交通运输仓储业、批发零售餐饮业等传统服务部门在第三产业中的比重和重要性在逐渐下降，金融保险业、房地产业、商务服务业等现代生产服务部门在第三产业中日益重要，增加值的比重在持续上升，卫生教育服务业、社会保障等服务部门得到一定程度的改善，国家机关、政党机关和社会团体等部门基本保持不变。统计数据表明，我国第三产业内部结构演变呈现两个明显的变化趋势：[①] 一是随着第三产业在国民经济中的比重提高，流通部门（即第一层次）在第三产业中的比重不断降低，为生产、生活提供服务的部门（即第二层次）的比重持续提高。也就是说，第一次层次的增加值占第三产业的比重与第三产业占 GDP 的比重负相关，即第三产业在国民经济中的比重越高，第一层次占第三产业的比重就越低。第二层次的增加值占第三产业的比重与第三产业占 GDP 的比重正相关，即第三产业在国民经济中的比重越高，第二层次占第三产业的比重就越高。二是第三产业中的现代服务业比重上升，传统服务业比重下降。我国第三产业第一层次的增加值比重逐渐降低、第二层次增加值的比重逐渐升高的变化趋势体现了第三产业内部结构优化升级的方向，实际上是第三产业内部结构不断高级化的演变过程，[②] 这种变化趋势与发达国家服务业内部结构的变化规律是一致的。

表 6 - 2　　　　　　1991～2003 年中国第三产业四个层次增加值构成　　　　单位：%

年份	第一层次	第二层次	第三层次	第四层次	其他服务业
1991	48.39	32.25	9.27	9.16	0.92
1992	48.33	32.95	8.88	8.86	0.97
1993	46.04	34.98	9.22	8.71	1.06
1994	45.12	35.79	9.46	8.57	1.07
1995	44.50	37.26	8.96	8.01	1.01

---

① 李江帆：《产业结构高级化与第三产业现代化》，载于《中山大学学报（社会科学版）》2005 年第 4 期，第 124～130 页。

② 李江帆、曾国军：《中国第三产业内部结构升级趋势分析》，载于《中国工业经济》2003 年第 1 期，第 34～39 页。

续表

年份	第一层次	第二层次	第三层次	第四层次	其他服务业
1996	44.33	37.35	9.39	7.91	1.02
1997	43.24	38.59	9.51	7.66	1.01
1998	42.52	38.71	9.98	7.82	0.98
1999	42.06	38.33	10.51	8.14	0.97
2000	42.54	37.92	10.76	7.85	0.92
2001	41.89	38.12	11.32	7.80	0.87
2002	41.30	38.45	11.53	7.89	0.84
2003	40.53	38.97	11.67	8.01	0.82

注：由于第三产业内部存在无法确定类别的"其他行业"，四层次比重之和并不为100%。

资料来源：根据各年度《中国统计年鉴》有关数据计算整理。

表6-3　　　　1991~2003年中国第三产业内部行业增加值构成　　　单位:%

年份	A	B	C	D	E	F	G	H	I	J	K	L	M
1991	33.9	0.74	1.06	19.51	28.88	17.82	5.09	6.19	2.98	6.29	1.35	9.16	0.92
1992	35.0	0.73	1.07	18.40	29.93	17.52	5.70	6.56	2.89	5.99	1.37	8.86	0.97
1993	33.9	0.68	1.19	18.75	27.29	18.17	5.66	7.94	2.95	6.27	1.34	8.71	1.06
1994	33.8	0.68	1.28	17.99	27.13	18.53	5.83	8.04	2.91	6.55	1.43	8.57	1.07
1995	33.0	0.65	1.41	17.02	27.48	19.41	5.90	8.62	2.69	6.27	1.27	8.01	1.01
1996	33.0	0.63	1.37	17.11	27.22	19.67	5.63	8.41	2.76	6.63	1.64	7.91	1.02
1997	34.4	0.77	1.31	16.49	26.75	19.69	5.47	9.46	2.68	6.83	1.89	7.66	1.01
1998	36.5	0.79	1.20	16.38	26.14	18.56	5.77	10.52	2.73	7.25	1.87	7.82	0.98
1999	38.0	0.82	1.17	16.50	25.56	17.93	5.65	10.70	2.75	7.76	2.06	8.14	0.97
2000	39.3	0.76	1.10	18.08	24.46	17.45	5.65	10.87	2.76	8.0	2.09	7.85	0.92
2001	40.7	0.80	1.03	17.29	23.97	16.85	5.69	11.63	2.97	8.35	2.12	7.80	0.87
2002	41.7	0.83	0.99	17.80	23.50	16.49	5.82	12.10	2.96	8.57	2.22	7.89	0.84
2003	41.4	0.80	0.89	16.96	23.57	16.50	6.07	12.45	2.96	8.71	2.26	8.01	0.82

注：其中A代表各年度第三产业增加值占GDP比重；B：农林牧渔服务业；C：地质勘查水利管理业；D：交通运输仓储、邮电通信业；E：批发零售贸易餐饮业；F：金融保险业；G：房地产业；H：社会服务业；I：卫生体育和社会福利业；J：教育文化艺术及广播电影电视业；K：科学研究和综合技术服务业；L：国家机关政党机关和社会团体；M：其他行业。

资料来源：各年度《中国统计年鉴》有关数据整理。

　　尽管我国第三产业内部行业增加值的变化趋势与 OECD 主要成员服务业内部结构的变化趋势基本一致，但在具体行业的变化上还是存在较大的差异。与 OECD 主要成员相比，我国第三产业的第一层次增加值比重明显高于 OECD 成员流通类服务业和个人服务业的增加值比重之和；第二层次增加值的比重与 OECD 成员生产类服务业的比重基本接近；第三、第四层次增加值比重之和低于 OECD 成员社会类服务业增加值的比重。以 2003 年为例，我国第三产业第一层次的增加值比重仍达 40.5%，而 OECD 成员流通类服务业与个人服务业增加值比重之和只有 30.2%，整整高了 10.3 个百分点；我国第二层次的增加值比重为 39%，OECD 成员生产类服务业的增加值比重为 40%，低了 1 个百分点；我国第三、第四层次增加值比重之和为 19.7%，而 OECD 成员社会类服务业的增加值比重为 23.4%，低于 OECD 成员 3.7 个百分点。这表明传统服务业在我国第三产业中仍然具有重要的作用和地位，政府提供的公共类服务业还不完全充分，第三产业内部结构仍然有待于进一步调整升级。

　　从第三产业具体的服务行业增加值的变化来看，我国的交通通信业、批发零售餐饮业的增加值比重尽管与 OECD 成员同样呈现下降趋势，但我国这两个服务行业的增加值比重要大大高于 OECD 成员的比重，如交通通信业的增加值比重要比 OECD 成员同时期的比重高出大致 8~9 个百分点，批发零售贸易餐饮业的增加值比重要高出大约 4~6 个百分点。另外，我国的邮电通信业目前正处于一个快速发展的历史阶段，其增加值比重上升比较快，而 OECD 成员的邮电通信业已经十分发达，现处于日益饱和的阶段。我国第二层次的增加值比重尽管与 OECD 成员生产类服务业同样处于上升趋势，但其内部不同行业的变化差异也很大，我国第二层次的服务业主要是以金融保险业为主，在 1991~1997 年增加值比重处于上升趋势，但 1998 年遭受亚洲金融危机的影响，增加值比重开始递减。房地产业所占比重不高，社会服务业（相当于 OECD 成员的租赁及商务服务业）的增加值比重上升较快，因此，我国第二层次增加值比重的上升主要是由社会服务业的快速发展所带动的。在 OECD 成员中，生产类服务业的增加值比重在相同时期也处于上升的趋势，其比重也是由租赁及商务服务业的比重提高所带动的，不过 OECD 成员的房地产业、租赁及商务服务业增加值的比重本来就很高，反而金融保险业的比重偏低，只有我国的一半。我国教育、卫生、社会保障服务业在考察期内尽管也缓慢地提高了 2.4 个百分点，但其增加值的比重远远低于 OECD 成员社会类服务业的比重，平均要低 4 ~ 6 个百分点，这说明了我国的教育、医疗服务业、社会保障等公共服务业还比较不发达，这些本该由政府提供的公共服务因有效投入不足而导致增长缓慢。

二、中国第三产业内部行业就业结构变化

从第三产业四个层次的就业构成来看（见表 6 - 4），1991 ~ 2003 年，我国第三产业内部行业的就业主要以第一层次为主，但比重呈现缓慢下降趋势。在此期间，其他服务业的就业比重增长非常迅速，13 年的时间就业比重上升了 14.2 个百分点，增幅高达 92%，成为第三产业中仅次于第一层次的第二大就业部门。第二层次的就业比重保持基本稳定，第三、第四层次的就业比重下降幅度较大，其中第三层次下降了 6.8 个百分点，降幅达 41%，第四层次的降幅也达 44%。其他服务业在我国是一个比较特殊的行业，其增加值比重极低（通常只占服务业的 1% 左右），而就业比重却奇高无比，2003 年几乎占第三产业总就业的 1/3 强，这种高就业比重、低产出比重导致其相对生产率非常低下，从而影响到整个第三产业的相对生产率。造成"其他服务业"高就业、低产出比重可能存在产出被低估和就业被高估的误差：在产出统计方面，"其他服务业"所包含的一些农村服务（如农村个人提供的运输服务）、城市中大量农村人口提供的服务（如鞋匠、保姆、摊贩等）以及零散、甚至具有非法性的桑拿、歌厅的增加值因难以统计到而被低估（陈凯，2006 年）。而在就业统计方面，一是存在对就业人员难以进行职业归类或划分不清的现象，这部分人员因而被归入"其他服务业"进行统计；二是如程大中（2005）所指出的那样，《中国统计年鉴》上劳动统计是由国家统计局以及劳动和社会保障部负责的城镇单位劳动统计、国家工商行政管理总局对城镇私营企业就业人员和个体工作者的行政登记以及由农村社会经济调查总队负责的乡村就业人员统计 3 个不同的统计合并编辑而成的。这种统计方法明显的缺陷是，城镇私营企业就业人员和个体劳动者的行政登记以及乡村就业人员统计的行业分类粗略，教育、医疗卫生等行业从业人员数被

合并到"其他行业"中去。因此,"三合一"统计使"其他行业"就业人员数被高估。两个方面的原因加剧了"其他服务业"的就业比重被高估。

表6-4　　　　1991~2003年中国第三产业四个层次的就业构成　　单位:%

年份	第一层次	第二层次	第三层次	第四层次	其他服务业
1991	37.28	21.55	16.56	9.18	15.43
1992	37.28	20.39	15.91	8.76	17.66
1993	36.34	18.50	11.48	7.27	26.41
1994	37.28	17.22	12.06	6.66	26.78
1995	36.93	18.97	11.37	6.17	26.56
1996	36.39	21.07	10.99	6.10	25.45
1997	37.88	18.80	11.01	5.93	26.38
1998	35.23	20.94	10.87	5.82	27.14
1999	35.27	22.45	10.67	5.74	25.87
2000	33.88	21.73	10.35	5.57	28.47
2001	33.49	21.95	10.19	5.44	28.93
2002	33.44	22.09	9.76	5.10	29.61
2003	33.44	22.09	9.76	5.10	29.61

注:由于第三产业内部存在无法确定类别的"其他行业",四层次比重之和并不为100%。
资料来源:根据有关年度《中国统计年鉴》相关数据计算整理。

中国第三产业四个层次的就业构成与OECD成员相比还是存在明显不同。第一层次的就业比重虽与OECD成员同样处于缓慢下降的趋势,但我国第一层次的就业比重低于OECD成员流通类服务业与个人服务业的就业比重之和,总体上要低大概6个百分点。第二层次的就业比重甚至还略高于OECD成员生产类服务业的就业比重,但OECD成员生产类服务业的就业比重上升趋势明显,而我国第二层次的就业比重上升不明显。OECD成员社会类的就业比重要显著大于我国第三、第四层次的就业比重之和,而且下降的幅度远不如我国降幅大。OECD成员其他服务业的就业比重远远要低于我国其他服务业的就业比重，而且增幅也远远低于我国的增幅。

再来比较一下我国第三产业内部各行业的就业变化（见表6-5）。我国第一层次就业比重的下降主要是由交通运输仓储、邮电通信业的就业比重下降所拉动的，批发零售贸易餐饮业的就业比重降幅不大，这两个行业的就业变化趋势与 OECD 成员的变化是一致的，不过我国批发零售贸易餐饮业的就业比重要比 OECD 成员低大致 10 个百分点，而交通运输仓储、邮电通信业的就业比重要高出 3~4 个百分点。我国第二层次的就业比重主要以农林牧渔服务业为主，金融保险业、房地产业以及社会服务业的就业比重大大低于 OECD 成员的就业比重。我国教育医疗服务业、社会保障服务业的就业比重也比 OECD 成员低 5~11 个百分点，而且我国的这两类服务业的就业比重还处于不断地下降之中，OECD 成员社会类的就业比重基本保持不变。这固然与 OECD 成员普遍实行高福利政策和完善的社会保障制度有关，但同时也说明了我国对公共服务产品的投入不足、社会保障制度不完善导致这些部门发展落后，就业比重自然就不会很高。我国第四层次的就业比重在 1991 年与 OECD 成员持平，但近年来，由于我国积极采取措施对国家机关、政党机关进行人事制度改革，分流了一部分人员出去，同时实行公务员制度，对人员进入严格控制。因此，这些部门的就业比重持续大幅递减。OECD 成员此类部门就业比重虽有下降，但降幅不大。此外，我国其他服务业的就业比重也要远远高于 OECD 成员这一比重。

表6-5   1991~2003 年中国第三产业内部行业的就业构成   单位:%

年份	A	B	C	D	E	F	G	H	I	J	K	L	M
1991	18.9	11.33	1.61	13.06	24.22	1.89	0.39	4.88	4.47	12.09	1.45	9.18	15.43
1992	19.8	10.24	1.54	12.78	24.50	1.89	0.41	4.91	4.31	11.6	1.40	8.76	17.66
1993	21.2	10.05	1.02	11.92	24.42	1.91	0.47	3.83	2.94	8.54	1.22	7.27	26.41
1994	23.0	8.96	0.90	12.01	25.27	1.70	0.48	4.03	2.80	9.26	1.15	6.66	26.78
1995	24.8	10.82	0.80	11.50	25.43	1.64	0.47	4.16	2.63	8.74	1.08	6.17	26.56
1996	26.0	13.06	0.72	11.23	25.16	1.63	0.47	4.17	2.55	8.44	1.02	6.10	25.45

续表

年份	A	B	C	D	E	F	G	H	I	J	K	L	M
1997	26.4	10.56	0.70	11.87	26.01	1.67	0.47	4.39	2.56	8.45	1.01	5.93	26.38
1998	26.7	12.62	0.62	10.60	24.63	1.66	0.50	4.60	2.53	8.34	0.94	5.82	27.14
1999	26.9	13.95	0.58	10.53	24.74	1.71	0.50	4.81	2.51	8.16	0.90	5.74	25.87
2000	27.5	13.50	0.55	10.24	23.64	1.65	0.50	4.65	2.46	7.89	0.88	5.57	28.47
2001	27.7	13.60	0.52	10.07	23.42	1.66	0.53	4.82	2.44	7.75	0.82	5.44	28.93
2002	28.6	13.50	0.46	9.88	23.56	1.61	0.56	5.19	2.34	7.42	0.77	5.10	29.61
2003	29.3	13.50	0.46	9.88	23.56	1.61	0.56	5.19	2.34	7.42	0.77	5.10	29.61

注：其中 A 代表各年度第三产业就业人数占我国全社会就业人数比重；B：农林牧渔服务业；C：地质勘查水利管理业；D：交通运输仓储、邮电通信业；E：批发零售贸易餐饮业；F：金融保险业；G：房地产业；H：社会服务业；I：卫生体育和社会福利业；J：教育文化艺术及广播电影电视业；K：科学研究和综合技术服务业；L：国家机关政党机关和社会团体；M：其他行业。

资料来源：根据有关年度《中国统计年鉴》相关数据整理。

　　总的来说，我国第三产业吸纳就业的能力不断增强，就业人数逐年增多，但就业的行业差异还是非常明显，不同行业的就业吸纳弹性系数差异较大。以 2002 年我国第三产业内部各大行业就业为例（见表 6-6），就业吸纳弹性最大的是其他行业，弹性系数为 1.26，最小的是地质勘查水利管理业，弹性系数为 -1.67，两者极差达 2.93。从表 6-6 中我们还可以明显看出，就业吸纳弹性较高的行业包括其他行业、社会服务业、房地产业、批发零售贸易餐饮业和农林牧渔服务业，这些行业的绝大部分是属于市场营利性部门，以市场为导向，垄断程度低，就业门槛也低，因此劳动力进入这些部门就业相对容易。就业弹性较低的行业包括交通运输仓储、邮电通信业、金融保险业、卫生体育和社会福利业。就业弹性系数为负数的行业包括地质勘查和水利管理业、国家机关政党机关和社会团体、科学研究和综合技术服务业，教育文化艺术及广播电影电视业。这些行业的绝大部分都是垄断程度较高的部门，人事制度管理比较严格，劳动力相对不易进入，如邮电通信业；有些行业则要求从业者拥有较高的专业知识或者劳动技能，就业门槛高，因此在很大程度上阻止了低素质和缺乏技能的劳动力的进入，如金融保险业、科学研究和综合技术服务业、教育文化艺术及广播电影电视业。另外，近年来国家开始大力减少国家行政机关、事业性质单位的就业人数，并实行严格的公务员准入制度，因此国家机关政党机关和社会团体、卫生体育和社会福利业等部门近年来劳动力就业人数出现负增长。

表 6 - 6　　　　2002 年中国第三产业内部行业的就业吸纳弹性系数　　　单位:%

指标	A	B	C	D	E	F	G	H	I	J	K	L
产值增长率	11.56	3.99	7.57	7.05	6.50	11.29	13.25	8.32	11.62	14.24	10.06	5.34
就业增长率	7.66	-6.67	2.31	4.90	1.19	10.28	12.09	0.52	-0.19	-1.21	-2.36	6.72
就业吸纳弹性系数	0.66	-1.67	0.31	0.70	0.18	0.91	0.91	0.06	-0.02	-0.08	-0.23	1.26

注：A：农林牧渔服务业；B：地质勘查水利管理业；C：交通运输仓储及邮电通信业；D：批发零售贸易餐饮业；E：金融保险业；F：房地产业；G：社会服务业；H：卫生体育和社会福利业；I：教育文化艺术及广播电影电视业；J：科学研究和综合技术服务业；K：国家机关政党机关和社会团体；L：其他行业。

资料来源：根据 2005 中国统计年鉴相关数据计算整理。

三、中国第三产业内部行业相对生产率的变化

从我国第三产业分层次相对生产率的大小来看（见表 6 - 7），第二层次的相对生产率最高，其次是第四层次、第一层次、第三层次，相对生产率最低的是其他服务业。从变化趋势来看，除第三层次的相对生产率表现出微弱的上升趋势外，其余层次的相对生产率都呈现出下降趋势，特别是第一、第二层次下降的幅度特别明显。在第一层次中，交通运输邮电通信业和批发零售贸易餐饮业的相对生产率都呈现较大降幅，导致第一层次的相对生产率从 1991 年的 2.28 下降到 2003 年的 1.19，几乎下降了一半；在第二层次中，地质勘查水利管理业、社会服务业、科学研究和综合技术服务业的相对生产率虽在上升，但因金融保险业和房地产业的相对生产率下降幅度过大导致第二层次的相对生产率也跟着下降。

表6－7　　　　1991～2003年中国第三产业四个层次的相对生产率

年份	第一层次	第二层次	第三层次	第四层次	其他服务业
1991	2.28	2.63	0.98	1.75	0.10
1992	2.22	2.77	0.96	1.73	0.09
1993	1.92	2.86	1.21	1.81	0.06
1994	1.63	2.80	1.06	1.73	0.05
1995	1.43	2.34	0.94	1.55	0.05
1996	1.34	1.96	0.94	1.43	0.04
1997	1.28	2.27	0.95	1.43	0.04
1998	1.35	2.07	1.02	1.50	0.04
1999	1.34	1.91	1.10	1.59	0.04
2000	1.38	1.91	1.14	1.55	0.04
2001	1.37	1.90	1.21	1.56	0.03
2002	1.29	1.82	1.24	1.62	0.03
2003	1.19	1.73	1.18	1.55	0.03

资料来源：根据表6－2、表6－5相关数据计算得出。

从第三产业内部各行业相对生产率的变化来看，各行业相对生产率的值差别很大，而且变化幅度也非常大（见表6－8）。相对生产率最高的行业是房地产业和金融保险业，尽管呈下降趋势，但相对生产率的值都在10以上；相对生产率最低的农林牧渔服务业、其他服务业分别只有0.06和0.03，两者极差巨大。相对生产率高于整体第三产业相对生产率的行业还有地质勘查水利管理业、交通运输邮电通信业、社会服务业、科学研究和综合技术服务业以及国家机关党政机关和社会团体。此外，批发零售贸易餐饮业、卫生体育和社会福利业、教育文化艺术及广播电影电视业的相对生产率要低于整体第三产业的相对生产率。

表 6 - 8 1991～2003 年中国第三产业内部行业的相对生产率

年份	A	B	C	D	E	F	G	H	I	J	K	L	M
1991	1.79	0.11	1.16	2.62	2.09	16.55	23.06	2.23	1.17	0.91	1.64	1.75	0.10
1992	1.77	0.12	1.19	2.47	2.09	15.86	23.71	2.29	1.15	0.89	1.68	1.73	0.09
1993	1.60	0.10	1.77	2.38	1.69	14.40	18.35	3.13	1.52	1.11	1.66	1.81	0.06
1994	1.47	0.10	1.93	2.02	1.45	14.67	16.46	2.68	1.40	0.95	1.68	1.73	0.05
1995	1.33	0.07	2.10	1.76	1.29	14.13	14.82	2.46	1.22	0.85	1.40	1.55	0.05
1996	1.27	0.05	2.10	1.68	1.19	13.33	13.25	2.23	1.19	0.87	1.78	1.43	0.04
1997	1.30	0.08	2.07	1.63	1.14	13.02	12.79	2.38	1.16	0.89	2.06	1.43	0.04
1998	1.37	0.07	2.18	1.72	1.19	12.45	12.93	2.55	1.20	0.97	2.21	1.50	0.04
1999	1.41	0.07	2.27	1.76	1.16	11.77	12.67	2.50	1.23	1.07	2.56	1.59	0.04
2000	1.43	0.06	2.17	1.94	1.13	11.59	12.28	2.56	1.23	1.11	2.61	1.55	0.04
2001	1.47	0.06	2.18	1.95	1.11	11.07	11.73	2.63	1.33	1.18	2.84	1.56	0.03
2002	1.46	0.06	2.23	1.89	1.05	10.72	10.90	2.45	1.33	1.21	3.02	1.62	0.03
2003	1.41	0.06	1.91	1.69	0.99	9.84	10.68	2.36	1.25	1.16	2.88	1.55	0.03

注：其中 A 代表整体第三产业的相对生产率；B：农林牧渔服务业；C：地质勘查水利管理业；D：交通运输仓储、邮电通信业；E：批发零售贸易餐饮业；F：金融保险业；G：房地产业；H：社会服务业；I：卫生体育和社会福利业；J：教育文化艺术及广播电影电视业；K：科学研究和综合技术服务业；L：国家机关政党机关和社会团体；M：其他行业。

资料来源：根据表 6 - 3、表 6 - 6 相关数据计算得出。

与 OECD 主要成员服务行业相比，我国第三产业内部行业的相对生产率存在两个显著的不同：一是我国第三产业内部行业相对生产率的变化幅度大，变动剧烈。无论是从四个层次的比较还是内部各行业来看，OECD 成员服务业相对生产率的变动表现得更为平稳，变幅很小。从服务业分层次的相对生产率的变化来看，我国四个层次相对生产率的变动幅度大，既有相对生产率趋于上升的层次（如第三层次），也有相对生产率大幅下降的层次（如第一、第二和第四层次）。OECD 成员五大类服务业的相对生产率都呈现单一递减的变化趋势，并且降幅都非常小，也就是说其相对生产率的变化相对平稳。从服务业具体行业相对生产率的比较来看，我国第三产业内部各行业相对生产率的变动同样是复杂、剧烈的，交通运输邮电通信业、批发零售贸易餐饮业、金融保险业和房地产等行业的相对生产率呈现大幅度下降，而地质水利勘查业、科学研究和综合技术服务等行业的相对生产率增幅较大。OECD 成员除金融保险业的相对生产率变化稍大外，其余各行业相对生产率的变化非常平稳，几乎没有出现明显变动。如教育卫生服务业的相对生产率 1991 为 0.71，2003 年是 0.67，房地产业也只是由 10.55 降为 10.38，政府公共管理部门的相对生产率由 1.1 下降为 1.07，交通运输通信业、批发零售贸易业和其他服务业的相对生产率基本未变①。这种变化趋势说明了 OECD 成员服务业内部结构相对稳定，变动较小，而中国第三产业内部结构还处于一个不断调整优化的过程之中，第三产业内部结构的变化直接影响到相对生产率的变化。

二是中国第三产业中的绝大多数行业的相对生产率的值要比 OECD 成员高。除其他服务业和农林牧渔服务业外，我国其他类型的服务业相对生产率的值都要大于 OECD 成员相应的行业。以 2003 年为例，我国金融保险业、社会服务业、批发零售餐饮业、交通运输邮电通信业的相对生产率分别为 9.84、2.36、0.99、1.69，而 OECD 成员这些行业的相对生产率只有 1.68、0.96、0.71、1.19②，均大大低于我国同行业的数值。我国第三产业内部行业相对生产率的值普遍高于 OECD 成员的主要原因在于我国特殊的国情和体制，自古以来我国就存在重农轻商、重工业轻服务的思想，受这种思想的影响，人们在就业选择时更偏好于工业而不是第三产业。自中华人民共和国成立以来我国一直实行严格的城乡二元户籍管理制度，这在很大程度上阻止了农村剩余劳动力流向城市的第三产业部门就业。因此，第三产业就业比重低从而相对生产率高。不过，从另一方面来说，我国第三产业相对生产率偏高，在一定程度上也反映了我国第三产业的就业还不是很充分，存在较大的增长潜力。

我国第三产业相对生产率较高的行业主要集中在金融保险业、房地产业、地质勘查水利管理业、社会服务业、科学研究和综合技术等生产

---

①② 笔者根据《中国统计年鉴》（2006 年）和 GGDCCV Maddison 网站数据整理，http：//www.ggdc.net/dseries/。

性服务业，交通运输仓储业、批发零售贸易业、住宿餐饮业等传统服务部门的相对生产率较低。此外，教育文化艺术及广播电影电视业、卫生体育和社会福利业等非营利性部门，因这些行业的绝大部分是以提高社会效益为主要目标，市场化程度较低，一般来说相对生产率也比较低。传统服务部门相对生产率低、现代服务部门相对生产率高的规律与国外发达国家服务业相对生产率的分布规律是一致的，这种规律主要是由服务业自身性质所决定。生产率低的部门其相对生产率必然低，反之生产率高的服务部门其相对生产率必然也高。不同性质的服务行业对劳动力的要求也不一样。现代服务业大多属于技术、知识密集型部门（如金融保险业等），对劳动力的素质要求较高，要求从业人员拥有专业知识和劳动技能，这在一定程度上提高了就业门槛，从而阻止了大量低层次人员流向这些部门就业，导致这些部门的就业比重增长缓慢甚至停滞增长，故相对生产率高。传统的服务行业（如住宿餐饮业、批发零售业等）就业门槛很低，一般只要求从业者拥有一般的技能和健康的身体即可，而且这些行业大都属于劳动密集型，本身对劳动力的需求就很大。因此，在产出比重一定甚至下降的情形下，就业比重的大幅提高必然引起相对生产率的下降。此外，由于金融保险、邮电通信等服务行业在我国国民经济中占据着重要地位，有些还涉及国家主权、国家经济安全等问题，长期以来我国对这些服务部门实行较严格的管制，行业垄断程度高而市场化程度低，人事制度较为严格，劳动力相对不容易进入，通常这些部门的就业比重较低，因而相对生产率一般都很高。

第三节　中国三次产业结构偏离度分析

一、三次产业结构偏离度的国际标准模式

熊映梧、吴国华等人认为，[①] 产业结构偏离度可以用来衡量一国或地

---

① 熊映梧、吴国华等：《论产业结构优化的适度经济增长》，载于《经济研究》1990 年第 1 期，第 3~11 页。

区产业结构是否合理、协调的有效指标。产业结构的非正常偏离度与其结构效益成反比，即产业结构非正常偏离度越大，产业结构越不合理，效益也越低下。产业结构偏离度是指某一产业的就业比重与其产值比重之差，三次产业偏离度的绝对值之和就是产业结构总的偏离度。[①] 在现实经济构成中，人们一般把国民经济分为农业、工业和服务业三个部分，由于社会分工及技术在不同产业的应用程度会引起三大产业的生产率可能出现差异并进而导致不同产业就业者相对收入的差异，因此会造成国民经济的产值结构与就业结构不均衡（或出现偏差），即某一产业的产值占 GDP 的比重与该产业的就业人数占总就业人数的比重不相等，这种结构上的不均衡用绝对值来表现就是产业结构的偏离度，用相对值来表现就是产业的相对生产率。

按照古典经济学的收入分配理论，劳动者的收入与其劳动生产率密切相关，在一个完全竞争的市场体系下，劳动者的收入应该等于劳动者的边际劳动生产率。如果国民经济中的各个产业之间不存在人为的障碍并且相互开放，劳动力市场充分发达并且劳动力在各个产业之间可以实现自由流动，即各产业处于完全竞争的状态，那么通过行业收入的差异，市场可以自发地将劳动力资源重新配置。根据边际收益递减原理，最终各产业的生产率和就业者的收入水平会趋于一致，从而不同产业的产出结构与就业结构会实现某种程度上的均衡。因此，从理论上来讲，各产业的结构偏离度在经过一个较长的发展过程后将趋于零。当然，在经济发展过程中，绝对的均衡状态是不可能出现的，只要各个产业之间的技术进步率不同，一定程度上或一定时期内的偏差现象就会发生。

产业结构偏离度可以用来测度产业的结构效益的这一性质，最早可以追溯到库兹涅茨、钱纳里等学者关于产业结构演进的国际标准模式的研究。表 6-9 显示了不同的经济发展阶段三次产业结构偏离度的变化趋势，三种标准模式无不例外地显示：随着人均 GDP 的提高，一国的就业结构相对产值结构的偏离程度会逐渐被矫正，第一产业结构偏离度由正偏离逐步缩小，第二、第三产业结构偏离度由负偏离向 0 趋近，产业结

[①]　熊映梧、郭克莎等人认为，偏离数与偏离度稍有区别，前者仅指同一产业中劳动力比重减去产值比重之差，而后者是所有偏离数的绝对值之和。

构偏离度不断下降并最终在 0 左右摆动，三次产业总的结构偏离度也趋近于零（模式 1 和模式 3 表现得更为明显）。

表 6－9　　　　　　　　三次产业结构偏离度的国际标准模式

模　式	人均 GDP（GNP）	第一产业	第二产业	第三产业
模式 1 库兹涅茨模式 （1971）（1958 美元）	70	31.9	－11.4	－20.5
	150	26.9	－9.3	－17.6
	300	19.6	－6.1	－13.5
	500	12.7	－4.7	－8.0
	1000	6.0	－3.1	－2.9
模式 2 钱纳里、艾尔 金顿和西姆斯模式 （1970）（1964 年美元）	100	21.8	－3.9	－17.8
	200	22.7	－3.0	－19.7
	300	19.5	－2.6	－16.9
	400	16.9	－2.1	－14.8
	600	13.0	－1.4	－11.6
	1000	10.0	－0.7	－9.3
	2000	7.4	0.0	－6.4
	3000	－1.5	1.2	2.9
模式 3 赛尔奎因和 钱纳里模式（1989） （1980 年美元）	<300	33.0	－1.4	－19.0
	300	35.5	－19.0	－16.5
	500	33.4	－20.4	－12.9
	1000	28.9	－20.0	－8.7
	2000	22.7	－17.8	－4.9
	4000	14.5	－13.0	－1.5
	>4000	6.0	－4.0	0.0

资料来源：根据郭克莎：《结构优化与经济发展》，广东经济出版社 2001 年版，第 40、第 47 页计算整理。

产业结构偏离度的存在说明了各个产业之间相对劳动生产率存在差

别，因此可以用它来测量某一产业是否存在劳动力转入或转出的可能性。当某一产业的结构偏离度为正，也就是说其就业比重大于产出比重，说明该产业相对其他产业的劳动生产率来说是比较低的；如果产业结构偏离度为负值，则该产业的劳动生产率相对较高。不同产业相对劳动生产率的差异会导致不同产业工人相对工资收入的差异，由于人们总是追求更高的收入水平，他们会争取进入劳动生产率较高从而相对收入也比较高的产业就业，但边际收益递减的规律告诉我们，随着劳动投入的不断增加，劳动生产率将会出现下降。所以根据自由竞争的演变规律，产业结构偏离度总是趋向于零的。因此，从理论上来说，某一产业的结构偏离度为正时，表明该产业存在劳动力转出的可能性；结构偏离度为负时，表明存在劳动力转入的可能性。[①]

二、中国三次产业结构偏离度分析

根据产业结构偏离度的计算公式，可以得出 1978 年以来我国主要年份的三次产业的结构偏离度。从表 6 - 10 可以看出最近 32 年我国三次产业结构偏离度的一些变化特点。

表 6 - 10　　　　　1978 ~ 2010 年我国主要年份三次产业结构偏离度

年份	产出构成 G（%）			就业构成 E（%）			结构偏离度 Y（=E-G）			总结构偏离度
	I	II	III	I	II	III	YI	YII	YIII	
1978	27.9	47.9	24.2	70.5	17.3	12.2	42.6	-30.6	-12.0	85.2
1980	29.9	48.2	21.9	68.7	18.2	13.1	38.8	-30.0	-8.8	77.6
1982	33.1	44.8	22.1	68.1	18.4	13.5	35.0	-26.4	-8.6	70.0
1984	31.8	43.1	25.1	64.0	19.9	16.1	32.2	-23.2	-9.0	64.4
1986	26.9	43.7	29.4	60.9	21.9	17.2	34.0	-21.8	-12.2	68.0
1988	25.5	43.8	30.7	59.3	22.4	18.3	33.8	-21.4	-12.4	67.6

[①]　郑吉昌、何万里、夏晴：《我国产业结构偏离现状和趋势及对服务业发展的启示》，载于《经济学动态》2007 年第 6 期，第 26 ~ 28 页。

续表

年份	产出构成 G（%）			就业构成 E（%）			结构偏离度 Y（=E-G）			总结构偏离度
	Ⅰ	Ⅱ	Ⅲ	Ⅰ	Ⅱ	Ⅲ	YⅠ	YⅡ	YⅢ	
1990	26.9	41.3	31.8	60.1	21.4	18.5	33.2	-19.9	-13.3	66.4
1992	21.5	43.5	35.0	58.5	21.7	19.8	37.0	-21.8	-15.2	74.0
1994	19.6	46.6	33.8	54.3	22.7	23.0	34.7	-23.9	-10.8	69.4
1996	19.5	47.5	33.0	50.5	23.5	26.0	31.0	-24.0	-7.0	62.0
1998	17.3	46.2	36.5	49.8	23.5	26.7	32.5	-22.7	-9.8	65.0
2000	14.8	45.9	39.3	50.0	22.5	27.5	35.2	-23.4	-11.8	70.4
2002	13.5	44.8	41.7	50.0	21.4	28.6	36.5	-23.4	-13.1	73.0
2004	13.1	46.2	40.7	46.9	22.5	30.6	33.8	-23.7	-10.1	67.6
2006	11.1	48.0	40.9	42.6	25.2	32.2	31.5	-22.8	-8.7	63.0
2008	10.7	47.5	41.8	39.6	27.2	33.2	28.9	-20.3	-8.6	57.8
2010	10.1	46.8	43.1	36.7	28.7	34.6	26.6	-18.1	-8.5	53.2

注：表中Ⅰ表示第一产业，Ⅱ表示第二产业，Ⅲ表示第三产业。

资料来源：根据《中国统计年鉴》（2006）有关数据计算得到。

第一，总体来看，尽管我国三次产业的产业结构偏离度趋于下降，总的结构偏离度也在不断下降，但三次产业之间仍然存在比较严重的结构偏差，特别是第一产业的结构偏离度在2010年仍高达26.6，第二产业的结构偏离度的绝对值也在18.1，总的结构偏离度仍然有53.2之高。这表明我国三次产业结构仍然十分不合理，结构效益低下，产业结构调整优化的任务仍然非常艰巨。

第二，总的说来我国三次产业结构偏离度在32年的变化中基本符合产业结构偏离度变化的一般规律，一直呈现趋零的变化趋势，特别是第三产业的结构偏离度趋零性质更为明显。

第三，我国第二产业结构偏离度的绝对值自1978年以来快速下降，但进入20世纪90年代后，结构偏离度绝对值并没有继续下降，反而出现缓慢上升的趋势，从1990年的19.9上升到2004年的23.7，直到2010年才降到低于1990年的数值。

第四，进入21世纪的前10年，随着我国加大产业结构调整力度、加快转变经济发展方式，三次产业结构偏离度均出现不同程度的下降，总的结构偏离度也下降了17.2，这表明这些年来我国实施的产业结构调整政策取得了一定成效。

与三种产业结构的国际标准模式对比，我国的情况又一次显示了其特殊性，三次产业结构偏离度的绝对值都比较大，特别是第一产业的正向偏离度和第二产业的负向偏离都非常严重。在三种模式中，即使是产业结构偏离最严重的阶段，其产业结构偏离的程度与我国相比仍算是相对轻微的，特别是国际标准模式中第二产业的结构偏离度一般都不会太高，从未有过像我国这样高达20%～30%的情况。究其原因，基本可以用我国第二、第三产业相对生产率差距拉大的原因来解释，本书在此就不再赘述，但有两点需要特别说明：

一是我国第二产业虽然表现出较大的负向结构偏离程度，从理论上讲，的确存在劳动力转入的可能。但是从国际经验与我国的实际情况来看，第二产业不大可能承担劳动力转入的重任。发达国家产业发展经验表明，制造业发展到一定规模和水平后，随着产业结构升级和技术进步加速，其吸纳就业的能力开始下降。现在大多数发达国家第二产业的就业比重大都稳定在20%～30%，而我国第二产业的就业比重在2010年就已经达到28.7%，其吸纳劳动力的空间并不大；再从我国的实际情况来看，我国工业刚刚经历了过度投资问题，如今又面临着结构调整和产业升级的重任，短时间里难以吸纳较多的就业人数。此外，我国现行收入分配制度使得我国劳动者的收入所得与其劳动生产率并不对等，尽管第二产业劳动生产率在三大产业中是最高的，但第二产业劳动者的收入水平却并不是同业中的最高者，导致劳动生产率的差异无法由劳动者的相对收入差异来抹平。这在一定程度上降低了第二产业对劳动力的吸引力。因此，要解决第二产业较严重的负向结构偏离度，单单依靠增加第二产业就业比重的途径并非十分有效，而应该通过解决其他两大产业的结构偏差着手，通过转移第一产业的剩余劳动力，提高第三产业的增加值比重和就业比重、促进第三产业结构优化、质量提高才是有效途径。

二是与国外发达国家相比，我国第三产业的就业比重一直很低，按理会出现较高的负向结构偏离程度，但是表 6 – 10 的数据显示，我国第三产业的负向结构偏离度并不大，在三大产业中最为接近国际标准结构模式。产生这种情况的主要原因有两个：（1）我国第三产业无论是产值比重还是就业比重都比发达国家低很多，发达国家较低的服务业结构偏离度的背后是服务业的高产值比重和高就业比重，服务业高度发达；（2）我国第三产业内部结构不合理，仍然处于低级化的发展阶段，劳动生产率相对较低的传统服务业占有较高的比重，而劳动生产率相对较高的现代服务业所占的比重过低。造成我国第三产业内部结构低级化的原因是多方面的，但有两个影响因素却是非常显著的：（1）我国从农业中转移出来的剩余劳动力在进入第三产业再就业时，由于知识结构及劳动技能的缺乏，他们只能在第三产业中传统的劳动密集型的行业中就业；（2）我国现代服务业的一些部门开放程度低，垄断程度很高，并且有非常严格的进入壁垒，限制了劳动力的流入和第三产业的结构升级。因此，我国第三产业结构偏离度低并不意味着其产业结构就合理，其背后显示的真正问题是产值比重和就业比重的双低以及第三产业内部结构的低级化。

三、产业结构偏差对我国第三产业发展的启示

改革开放以来，我国经济在保持快速增长的同时，产业结构也在不断地调整优化，三次产业总的结构偏离度呈现下降趋势且降幅较大，但与国际产业结构变动的一般模式相比，我国三次产业总的偏离度仍然很高，产业结构偏差的问题还十分严重，突出表现为第一产业存在较高的正向偏离度、第二产业存在较高的负向偏离度。

产业结构之间存在较大的偏差，不但使我国经济增长的速度受到需求的制约，影响经济发展质量的提高，而且也影响产业结构效益的进一步提高，在一定程度上阻碍了第三产业的发展。因此，我们要着力降低第一产业畸高的正向偏差和第二产业的负偏差，把发挥第三产业就业蓄水池的功能与第三产业的结构优化结合起来，大力提高第三产业的产出比重和就业比重，不断促进第三产业的数量扩张和质量提升。一方面，

继续发展就业容量大的劳动密集型服务业，吸纳从其他产业（主要是第一产业）释放出来的剩余劳动力，缓解当前较大的就业压力；另一方面，通过大力发展现代服务业来提高第三产业的产出比重和结构效益。具体来说可以重点发展以下第三产业：

第一，传统的劳动密集型服务业。交通运输、批发零售贸易、住宿餐饮和个人服务等传统服务业大都属于劳动密集型部门，劳动生产率虽然不高，近年来在第三产业中的比重还呈下降趋势，但因其就业容量大、就业门槛低，与居民的生活密切相关，仍然可以作为政府大力发展第三产业的重点行业。通过对这些传统服务业的技术改造、管理创新和业态提升等措施，进一步发挥其就业的功能，使其成为解决第一产业剩余劳动力就业安置和提高第三产业就业比重的有效途径。

第二，生产性服务业。生产性服务业主要包括金融保险业、房地产业、信息服务业和商务服务业等现代服务部门，主要为工业、农业生产甚至第三产业本身提供各种服务。近年来，我国生产性服务业的增加值在第三产业中的比重不断上升，但与发达国家相比发展仍然滞后。在产业发展趋于融合的今天，加快发展生产性服务业，不但可以为第一、第二产业的发展提供更多、更好的服务供给，有力支撑第一、第二产业的发展，而且第一、第二产业的持续发展又可以为第三产业创造更多得服务需求，促进第三产业产出比重的不断提高，这也是今后一段时期我国第三产业结构优化升级的主要方向。

第三，旅游休闲服务业。近年来，随着人们生活水平的提高以及居民消费需求的多元化、多样性，旅游休闲服务业在我国得到了快速发展，成为拉动经济增长的一大新亮点。旅游产业具有很强的产业关联性、消费互补性和产业影响力，对国民经济有强大的辐射和波及作用，同时也可带动交通运输业、邮电通信业、商业、住宿餐饮业、社会服务业等相关行业的发展。加快发展包括交通、住宿、餐饮、商业、文化、娱乐、生态、环境等在内的旅游服务体系，促进各种旅游休闲服务业的发展，不但可以带动这些服务行业的发展，为农村剩余劳动力提供诸多就业机会，而且也满足了城乡居民消费结构升级的现实需要。

第四，文化教育、卫生医疗、社会保障等公共服务业。文化教育、卫生医疗、社会保障等公共服务业是第三产业的重要组成部分。一般来说，一个国家或地区的经济社会发展水平越高，其公共服务业也就越发达。目前，在我国 GDP 的产值构成中，这些公共服务部门的产值所占的比重并不高，与发达国家还存在较大的差距。如 2003 年，我国的教育文化及广播电影业占 GDP 的比重为 2.51%，占全部就业人数的比重为 2.17%；卫生、体育和社会福利业占 GDP 的比重仅有 0.85%，就业比重也只有 0.69%。而美国在同一时期教育、卫生及相关社会服务业占 GDP 的比重高达 12.88%，就业比重更是高达 22.67%[①]。因此，增加对公共服务领域的财政投入，加大政策扶持力度，努力扩大服务供给，逐步实现基本公共服务的均等化，让人民群众能够享受政府提供的高效优质的公共服务，共享改革开放的胜利果实。

第四节　中国第三产业结构效益影响因素分析

一、引言

产业相对生产率和产业结构偏离度都是用来衡量产业结构效益高低的重要指标。在上一节中我们分析了结构偏离度对产业结构效益的影响，以及通过发展第三产业中的若干重点行业来逐步降低我国目前存在的产业结构偏差的严重问题。在本节中我们将重点探讨相对生产率对产业结构效益的影响及其因素分析。

从前面的分析可知，我国三次产业的相对生产率与国外相比具有明显的差异：一是三次产业的相对生产率变化表现不平稳，波动性大；二是第一产业相对生产率显著偏低，第二产业明显偏高，第三产业也比较高。在第三产业内部，各行业相对生产率的变动比较剧烈，彼此之间差异迥异，与国外服务业内部行业相对生产率的差异较大。我国第三产业相对生产率与国外对比为何变动如此剧烈、差异显著？影响我国第三产业结构效益的因素有哪些？中华人民共和国成立以来实行的是优先发展

---

① 笔者根据《中国统计年鉴》（2006 年）和 GGDCCV Maddison 网站数据整理，http://www.ggdc.net/dseries/。

重工业的产业政策，改革开放也是在工业领域率先实行的，经济增长的方式主要是依靠大力发展工业来实现，第三产业的发展在某种程度上受到政策的抑制，而且存在对第三产业理论认识上的一种误区，认为第三产业的最大功能是其解决就业的功能。因此，加快发展第三产业、解决就业问题成为多年来政府经济政策的重要导向之一。在促进经济增长由主要依靠第二产业带动向依靠第一、第二、第三产业协同带动转变，发展现代服务业，提高服务业比重和水平的背景下，研究我国第三产业的结构效益及其影响因素分析，对于进一步加快我国产业结构优化升级、提高产业结构效益，特别是第三产业的结构效益及其内部的结构优化升级无疑具有重要的理论意义和参考价值。

二、分析框架解释

产业结构理论告诉我们，一个结构效益较高的产业结构应该是各产业或各行业的相对生产率趋于1，[①] 这在库兹涅茨、钱纳里等提出的三种产业结构的国际标准模式中也可以得到证实。本节将通过构造产业结构效益指数 $V = 1 - [(1 - RP_1) + (RP_2 - 1) + (RP_3 - 1)]/3$ 和第三产业结构效益指数 $V_S = 1 - (RP_3 - 1)$ 来对我国三次产业的整体结构效益和第三产业的结构效益进行回归分析（其中 RP_1、RP_2、RP_3 分别表示第一产业、第二产业、第三产业的相对生产率）。

改革开放以来，第三产业在我国国民经济中的地位与作用进一步增强，无论是增加值比重还是就业比重都稳步提高。第三产业增加值比重从1978年24.2%上升到2010年的43.1%，上升了18.9个百分点；就业比重从1978年的12.2%上升为2010年的34.6%，提高了22.4个百分点[②]，显然就业比重的增幅要大于增加值比重的增幅。这种变化导致第三产业相对生产率不断下降，从1978年的1.98下降到2010年的1.25。因此，分析我国第三产业结构效益的影响因素（实际上就是影响第三产业

---

① 肖灵机、王少东、余鑫：《欠发达地区第三产业内部结构合理化——基于江西的实证研究》，载于《当代财经》2006年第6期，第86页。

② 笔者根据《中国统计年鉴》（2011年）相关数据整理。

相对生产率的因素）的关键在于找出影响第三产业产出及就业增长的主要因素。在我国，由于受特殊国情和体制的影响，国家的产业政策往往对产出影响很大，城乡二元户籍管理制度对劳动力的流动影响也很大，但这两个重要影响第三产业相对生产率的因素都无法进行量化，只好放弃。综合数据的可获得性并借鉴国内外文献，我们将主要度量经济发展水平、城市化水平、市场化指数、对外开放度、技术进步、人力资源状况等六大因素对我国第三产业结构效益的影响，并以此为基础探讨我国第三产业相对生产率的变动与国外迥异的原因。

第一，经济发展水平。不同社会阶段处于不同的经济发展水平上，其产业的产出构成与劳动力就业构成必然不一样。在经济发展水平处于较低阶段，三次产业的产出构成主要以农业为主，劳动力就业也主要集中在农业部门。随着经济发展，工业逐渐成为国民经济的主导产业，这一变化将引起产出与就业结构的相应变化。当经济发展到一定水平后，服务业在国民经济中的地位与作用日益显现，无论是产出比重还是就业比重都明显提高，并逐渐成为第一大产业。国民经济中主导产业的相互交替必然会引起产出结构与就业结构比重的变化，从而引起产业相对生产率发生变动，进而影响到产业结构的效益。此外，经济发展水平处于不同的发展阶段也意味着人们的收入水平也不同，当人们收入水平提高时，收入水平的变动会引起需求结构的变动，而需求又会带动供给的变动，从而会导致产业结构发生变化。

第二，城市化水平。城市化水平与第三产业的发展存在着非常密切的关系。在现代经济发展过程中，第三产业与城市化互为因果，相互作用，不断推动着国民经济的发展。城市是现代化的中心，也是现代产业和现代市场的空间载体，城市是第三产业发展的集聚地和天然载体。一方面，城市化为第三产业的发展提供了需求基础。由于在城市化过程中会引起人们的生活方式、行为方式、价值观念、文化素质等全面改变和提升，因此在城市化过程不断诱发第三产业新行业出现和推动传统行业发展。此外，不同规模的城市聚集也影响第三产业发展的不同结构与规模。另一方面，第三产业是城市化的重要经济源泉和后续动力。第三产业的发展是实现城市经济聚集效益的重要保证，是城市外部经济效应的重要源泉，是城市经济发挥扩散效应的重要条件。[①] 一般来说，城市化水平越高，第三产业的发展水平也越高。

第三，市场化指数。第三产业的发展与市场化水平有着必然的联系。中国学者李江帆（1990）依据服务产品使用价值的不同，将服务产品分为服务形式的消费资料和服务形式的生产资料。相应地服务业也可分为两大类：生活服务业与生产服务业。前者用来满足人们的生活需要，是一种最终需求型的服务；后者用来满足进一步生产所衍生的中间需求，属于中间需求型的服务。随着市场化水平的提高以及专业化生产的深化，部门结构细化，使许多原来混生在实物、非实物生产部门中的服务活动独立出来，成为提供社会化服务的专门部门；[②] 企业出于降低成本、提高生产率、进行差异化生产以及提升企业核心竞争力等因素的考虑，按照比较优势的原则，将某些环节的中间服务"外包"出去，促进了生产服务业的外部化和独立化发展。随着世界经济一体化和区域经济集团化的发展，国际大型跨国公司在全球投资、经营越来越不受地域限制，因此，跨国公司全球投资业务的增长越来越需要生产服务业为其提供协调、管理、咨询、物流运输和融资、筹资等服务项目。种种变化导致原本有企业自身提供的中间服务以及由家庭提供的部分最终服务逐步转为市场购买。因此，市场化水平越高，第三产业特别是为生产提供服务的行业也就越发达。

第四，市场开放程度。全球经济一体化及日趋广泛的国际分工使得各国企业纷纷突破地域限制，跨越国界进行全球化的合作与经营，寻求国内外分工协作和内外交叉渗透的强烈要求。技术进步使得服务业进行全球化贸易成为可能，计算机和通讯技术的进步与应用不仅为服务业的全球化扫除了障碍，而且还为许多新兴服务业的出现以及服务的生产、传递创造了条件，也有助于服务型跨国公司全球化的经营与合作。经济全球化的发展以及全球服务贸易自由化进程的加快，为各国基于资源禀赋、比较优势实现特定服务部门的优先发展提供了前提和可能。一国市

---

① 李健英：《改革开放以来城市化与第三产业关系分析》，载于《商业经济文荟》2002 年第 4 期，第 28～29 页。

② 陈凯：《中国服务业内部结构变动的影响因素分析》，载于《财贸经济》2006 年第 10 期，第 54～55 页。

场对外开放水平越高，该国具有比较优势的服务部门越容易通过服务贸易得到充分发展，处于比较劣势的服务部门则可能由于服务进口而导致发展缓慢。因此，市场的对外开放度，特别是第三产业市场的对外开放度会影响该国第三产业的发展。

第五，技术进步。技术进步对工业的影响是显而易见的，如今正在第三产业中产生深入而广泛的影响。它不但直接影响到第三产业的产出结构，而且还会影响第三产业的就业。随着科技进步在第三产业中的广泛应用，不仅催生了一些新兴服务行业的兴起，而且还改造了一些传统的服务部门，使这些传统部门的生产率得到极大提高。技术进步对第三产业的就业影响也是很明显的，服务企业通过技术改造，不但缩短了服务流程，而且使企业的机械化程度普遍提高，原来很多需要人力完成的工作现在可以通过机器来代替，有效地节约了劳动力。这样企业对劳动力的需求就会减少，劳动生产率会得到提高。

第六，人力资源状况。一般来说，第三产业特别是现代服务部门对劳动力的要求较高，要求从业者拥有较高的专业化知识或劳动技能，而农业和大部分工业部门则对人才需求的层次较低。因此，一国的人力资源状况对第三产业的行业构成和就业结构有重要影响。劳动力资源丰富、高素质人才聚集的地区，具有发展那些知识、技术、资本密集的现代新型服务业的优势，这些服务部门的劳动生产率普遍较高。

三、计量模型与数据说明

根据上述分析，本节设定影响我国三次产业总的结构效益和第三产业结构效益的多元回归方程分别如下：

$$v = \alpha + \beta_1 \chi_1 + \beta_2 \chi_2 + \beta_3 \chi_3 + \beta_4 \chi_4 + \beta_5 \chi_5 + \beta_6 \chi_6 + \varepsilon \qquad （方程1）$$
$$v_s = \alpha + \beta_1 \chi_1 + \beta_2 \chi_2 + \beta_3 \chi_3 + \beta_4 \chi_4 + \beta_5 \chi_5 + \beta_6 \chi_6 + \varepsilon \qquad （方程2）$$

方程中各变量的定义与度量如下：

V：三次产业总的结构效益指数。$V = 1 - [(1 - RP_1) + (RP_2 - 1) + (RP_3 - 1)] / 3$ 表示三次产业的相对生产率与1接近的程度，V 的值越大（即越趋近于1），表示三次产业的相对生产率越趋于1，三次产业结构越合理，因而产业结构效益也越高。其中 RP_1、RP_2、RP_3 分别表示第一产业、第二产业、第三产业的相对生产率。

V_S：第三产业结构效益指数。$V_S = 1 - (RP_3 - 1)$ 表示第三产业的相对生产率与 1 接近的程度，V_S 的值越大（即越趋近于 1），表明第三产业相对生产率的值越趋于 1，第三产业的结构越合理，从而第三产业的结构效益也越高。

χ_1：经济发展水平。用中国每年的人均 GDP 来衡量。由于《中国统计年鉴》所提供的人均 GDP 是基于当年价格计算所得，为了剔除物价水平变动的影响，利用 GDP 平减指数对人均 GDP 绝对值进行变换，全部转换为 1978 年不变价的人均 GDP。同时，为了消除可能存在的异方差，对指标进行自然对数处理并在回归模型中采用。

χ_2：城市化水平。用我国每年城镇人口占全国总人口的比重来反映。

χ_3：对外开放水平，也即对外贸易依存度。用我国年度贸易总额（含进口额和出口额）除以当年 GDP 的比值表示。

χ_4：市场化指数。借鉴樊纲、王小鲁（2000）的方法，用工业总产值中非国有经济成分的比重来表示。

χ_5：教育水平。用人均受教育年限表示。根据《中国统计年鉴》公布的我国历年各类学校在校学生人数构成，将小学、初中、高中、大学及以上学历受教育的年限分别设为 6 年、9 年、12 年、16 年计算得出。

χ_6：技术进步。用科技三项费用的总额来表示。科技三项费用包括新产品的试制费、中间实验费、重要科学研究补助费。

以上所有数据分别来自相关年份的《中国统计年鉴》《中国工业经济统计年鉴》《新中国五十五周年资料汇编》。为消除自变量之间相关系数高导致的多重共线性问题，我们在模型拟合中采用逐步回归法，根据自变量与因变量之间一元回归拟合优度的高低，依次引入各变量。

四、实证检验与分析

本节对 1990～2005 年共 16 年的数据进行了回归分析，表 6-11 显示了回归分析结果。方程 1 和方程 2 均通过了 1% 的 F 检验，调整后的 R^2 基本都在 0.8 以上，显示了两个方程的拟合优度较好。D-W 值也显示模型的自相关性并不严重。

表6-11　　中国三次产业结构效益和第三产业结构效益的回归分析结果

变量	方程1：产业结构效益	方程2：第三产业结构效益
C	有	有
x_1	—	—
x_2	-0.055216 ***	-0.063461 **
	(0.010326)	(0.025963)
x_3	—	0.007060 *
		(0.003492)
x_4	0.001779 *	0.008626 **
	(0.000951)	(0.003071)
x_5	1.573846 ***	2.908075 **
	(0.289366)	(1.072539)
x_6	0.000728 ***	—
	(0.000214)	
F	16.12708#	21.12433#
Adj-R^2	0.801346	0.842928
D-W	2.378309	1.772488

注：（1）每个解释变量的系数估计值下面的圆括号里的数字，是系数估计的标准差。（2）为直观起见，这里将 t 检验的显著性水平（p值）小于1%的情形标记为"***"；大于1%小于5%的情形标记为"**"，大于5%小于10%的情形标记为"*"。（3）#表示通过了显著程度为1%的F检验。

回归分析结果表明：

第一，教育水平对三次产业总的结构效益和第三产业的结构效益具有正相关性，尤其是教育水平对第三产业结构效益的正影响更为显著。这表明随着我国劳动力从业人员教育水平的提高以及职业技能的增加，我国三次产业结构以及第三产业结构的效益水平也会明显得到提高，即产业相对生产率会更加趋近于1。首先，劳动力从业人员的教育水平与职业技能的提高会显著地提高劳动者的生产效率，从而提高行业的产出比重；其次，劳动力从业人员的教育水平与职业技能的提高会显著地影响劳动者的就业选择，高学历、高素质的劳动者会进入那些对知识、技能要求较高的行业就业，例如，高、精、尖的先进制造业和金融、保险、信息通信、软件开发等现代服务部门，从而改变三次产业的就业结构和第三产业内部的就业结构，使三次产业的就业结构和第三产业内部的就业结构更为合理，进而提高产业的结构效益。

近年来，我国第三产业虽然承接了大部分新增就业人员和从农业部门转移过来的剩余劳动力，但这些劳动者的素质一般不高、劳动技能有待提高，导致绝大部分劳动力主要流向交通运输仓储、商业贸易、住宿餐饮和"其他行业"等传统服务行业就业。第三产业中的金融保险业、商务服务业、信息服务业等现代服务部门和新兴服务业因对从业者的知识、技能要求高而就业不充分。因此，加强劳动力的教育与职业技能培训，不断提高劳动者的素质，吸引高素质的劳动力流向第三产业既是解决劳动力就业的有效途径，也是促进我国第三产业增长、提高产业结构效益和竞争水平的根本。杨向阳等（2004）的研究结果认为现阶段决定中国第三产业产出水平的两种要素——劳动与资本的替代弹性系数均大于1，即两者可以相互替代。这意味着今后中国第三产业的发展完全可以通过使用更多的劳动力，特别是高素质的劳动力来实现。在某种意义上来说，这也是近年来中国大力提倡以促进就业来加快发展第三产业的原因和依据所在。

第二，市场化水平对我国产业结构的效益和第三产业的结构效益存在较弱的正相关性。也就是说随着我的市场化水平的不断提高，我国产业结构以及第三产业的结构会不断趋于合理，产业结构效益与第三产业的结构效益也会随之提高，产业的相对生产率会无限接近1的。市场化水平的整体提高，会打破市场之间、区域之间、产业之间的封闭与垄断，可以促使各种生产要素在市场上自由流动，充分发挥市场机制的调节作用，自发调节资源的合理配置与流动，从而使生产要素从低效率部门流向高效率部门，促使产业结构不断优化升级，进而达到提高生产效率与产业结构效益。

第三，对外开放水平对第三产业的结构效益存在正相关性。这表明随着我国对外开放水平的进一步提高，第三产业的结构效益也会得到一定程度的提高，第三产业的结构会得到不断的调整优化。改革开放以来，我国对外开放度不断提高，对外贸易也随之发展，对外贸易总额逐年增加，但改革开放初期，我国对外开放的领域主要在第一、第二产业，特别是制造业的对外开放程度很高。由于第三产业中许多行业在国民经济中占据着重要地位，有些还涉及国家主权、国家经济安全和社会就业等问题，因此我国对第三产业一直实行较严格的管制，第三产业对外开放的领域也只限于商品的贸易与流通，直到1986年《服务贸易总协定》的达成与生效才使服务贸易自由化的问题得以解决。随着世界经济一体化进程加快，许多国际通行规则被普遍接受，更少的政府管制、更自由的全球经济市场大大降低了服务业对外贸易的进入壁垒，特别是随着加入WTO后过渡保护期的结束，我国WTO谈判中所承诺的服务业开放领域将要全部实现。尽管服务业的全面开放会给国内的服务企业带来一定的竞争压力和冲击，但开放带来的竞争效应和示范效应、资本效应、技术溢出效应以及现代化的管理经验和先进的经营理念，将促使国内服务企业降低成本、提高效率和增强竞争力，带动我国整个服务行业管理水平和服务质量的提高以及服务价格的降低。

第四，科技进步对产业结构效益有较弱正影响。也就是说科技进步会促进我国产业结构不断趋于合理优化，其相对生产率会越来越趋近于1。科技进步对第一产业、第二产业结构效益和生产率的提高是显而易见的，特别是对制造业的影响更为直接和显著，但对第三产业来说目前的作用还不是十分明显。因此，科技进步对第三产业结构效益的影响没有通过T检验。这主要是因为第三产业内部存在着许多"停滞性个人服务"的部门，这些部门提供的服务本身就是劳动过程，要求服务提供者与服务消费者直接接触，因此基于劳动力节约型的生产率的提高几乎是没有可能；进一步来讲，这类服务作为交易品就是人的劳动过程，它无法像商品生产那样通过生产过程的标准化和机械化来达到提高劳动生产率的目的，因此规模经济无法实现。"停滞性个人服务部门"是很难通过技术进步来提高其劳动生产率的。

特别值得注意的是，我国的城市化水平无论是对总的产业结构效益还是对第三产业的结构效益都呈现较为明显的负相关性，这与我们一般的常识相违背。一般来说，城市是我国第二产业和第三产业高度集聚的地方，第二产业和第三产业相对发达，但农业的发展程度显然很弱。按照常规的思维推断，即使城市化水平与三次产业整体的结构效益负相关还勉强说得过去，但城市化水平与第三产业的结构效益也呈现负相关就使人非常费解。我们知道，城市是服务业发展的天然载体和基地，城市无论是生产力的发展水平还是人们的购买力水平以及人口集中程度，都具有发展第三产业的优势条件。因此，城市的第三产业应该是高产值比重和高就业比重，第三产业的相对生产率应该是更接近于1，其产业结构效益应该更高。城市化水平与产业结构效益呈负相关性说明了我国城市化的发展对于产业结构的效益，特别是对第三产业结构效益的带动作用很小，其中原因可能与我国城市化发展的方针政策有关。近20年来，我国为了提高城市化水平，采取了增加城市人口的途径来解决，通过加快农村人口向城镇的转移，人为地提高了城镇人口的比重，忽视了城市化水平与产业结构的相关性，从而造成我国城市化水平与产业结构效益的负相关。

此外，我国经济发展水平即人均 GDP 无论是对三次产业整体的结构效益还是对第三产业的结构效益的影响在方程中都不显著。一般来说，随着一国经济发展水平的提高，其产业结构应该是会越来越科学合理的，产业结构的效益也因此得到提高，即产业结构效益与经济发展水平应该是正相关的。这种有悖于常理的现象在一定程度上说明了我国经济增长的方式主要通过资本、劳动力等要素投入的增加而提高的，属于一种粗放式的增长，经济增长的质量还有待提高。

五、结论与政策启示

产业相对生产率是测量产业结构效益的相对指标，产业结构效益越高，该产业的相对生产率就越趋近于1。改革开放以来，我国在快速发展工业的同时也开始大力发展第三产业，其产值比重和就业比重不断提高，第三产业在国民经济中的地位与作用日益重要，三次产业结构得到不断优化，产业结构效益在逐渐提高，$V = 1 - [(1 - RP_1) + (RP_2 - 1) + (RP_3 - 1)] / 3$ 的值也在逐步趋向于1。第三产业在整体发展的同时，其内部结构也处于一个优化升级的过程中，内部结构从低级化向高级化的发展，即第三产业中的第二、第三层次的比重逐渐上升，第一、第四层次的比重趋于下降，第三产业的结构效益在不断提高，即 $V_S = 1 - (RP_3 - 1)$ 的值在向 1 无限趋近。

本节通过对产业结构效益的影响因素的实证研究发现，教育水平和市场化水平无论是对三次产业整体的结构效益还是对第三产业的结构效益都具有正的相关性，而城市化水平对我国三次产业的整体结构效益和第三产业的结构效益都具有负影响；对外开放水平对第三产业结构效益的提高有促进作用，但对三次产业整体结构效益影响并不明显；科技水平对三次产业整体结构效益存在正相关性，但对第三产业结构效益并无显著影响；经济发展水平无论是对三次产业整体的结构效益还是对第三产业结构效益来说，影响都不明显。

本节的政策性启示在于：

第一，劳动者的教育水平对整体的结构效益以及第三产业的结构都有较为明显的正影响，因此应加快发展我国的教育事业，加大对教育服务业的投入力度，努力提高全民的文化水平和素质。特别要加强劳动者的知识教育与职业技能培训，吸引高素质劳动力流向第三产业。

第二，进一步加快我国的市场化进程，充分发挥市场机制的调节作用，促进资源的合理配置与流动，从而带动我国产业结构的优化升级。特别要加大第三产业的市场化改革力度，尤其是加快推进和完善垄断性、半垄断性服务行业的改革，除个别涉及国家安全和必须由国家垄断经营的领域外，都要进一步深化改革和完善措施，重点是放宽市场准入，引入竞争机制，规范行业发展。国外的实践证明，引入竞争机制是打破垄断局面、提高垄断行业效率的最有效手段。正如刘伟和杨云龙（1992）所指出的，工业化和市场化是中国服务业发展的双重历史使命。

第三，进一步提高第三产业的对外开放水平，有步骤、有重点地实现第三产业领域的对外开放。加大服务业的招商引资，吸引外资投向第三产业，通过国际服务贸易、对外直接投资和对外联盟等全球化扩张方式来实现我国第三产业的结构优化以及第三产业整体效益的提高。

第四，积极稳妥地推进城市化进程，扩大城市化并不能简单地通过将农村人口转变为城镇人口的方式来完成，显然城市化的进程还必须充分考虑到产业布局与产业结构相协调的问题，仅仅通过增加城镇人口的简单城市化只会对产业结构的效益产生负面作用。

第七章

中国第三产业相对生产率存在的
问题与政策建议

第一节　充分认识加快发展中国
第三产业的重要意义

　　改革开放以来，我国第三产业得到了较大发展，第三产业增加值比重和就业比重稳步上升，2016 年增加值比重达到 51.6%，比 1978 年的 24.6% 提高了 27 个百分点；就业比重也由 1978 年的 12.4% 增加到 2015 年的 42.4%，增加了 30 个百分点。第三产业在国民经济中的地位和作用日益重要，成为产业转型升级的主要方向、扩大就业和解决农村剩余劳动力的主要部门，大力发展现代服务业已经成为我国产业发展的强音。要促进经济增长由主要依靠第二产业带动向依靠第一、第二、第三产业协同带动转变，发展现代服务业，提高服务业比重和水平。加快传统产业转型升级，推动服务业特别是现代服务业发展壮大，着力构建现代产业发展新体系，使经济发展更多依靠内需特别是消费需求拉动，更多依靠现代服务业和战略性新兴产业带动。要把推动服务业大发展作为产业结构优化升级的战略重点，推进服务业规模化、品牌化、网络化经营。尽管我国第三产业在改革开放后取得了长足发展，但与西方发达国家甚至一些发展中国家的服务业相比，我国第三产业的发展仍然较慢，问题较多：无论是第三产业增加值比重还是就业比重都明显偏低；第三产业仍然以传统服务业为主，现代服务业比重不高，内部结构有待优化升级；第三产业内部行业的相对生产率差异显著，两极分化较为严重，第三产业内部结构效益偏低，等等。

服务业是国民经济的重要组成部分，服务业的发展水平是衡量现代社会经济发达程度的重要标志。我国正处于全面建设小康社会和工业化、城镇化、市场化、国际化加速发展时期，已初步具备支撑经济又好又快发展的诸多条件。加快发展我国第三产业，提高第三产业在国民经济中的地位与作用具有十分重要的战略意义和现实意义，也是多年来政府经济政策的重要导向之一。

首先，大力发展第三产业是推进产业结构调整、加快转变经济发展方式的迫切需要。加快转变经济发展方式是当前和今后一个时期我国经济工作的主线，也是我们面临的一项十分紧迫而艰巨的任务。转变经济发展方式不仅要求转变经济的增长方式，促进经济增长由主要依靠投资、出口拉动向依靠消费、投资、出口协调拉动转变，由主要依靠第二产业带动向依靠第一、第二、第三产业协同带动转变，由主要依靠增加物质资源消耗向主要依靠科技进步、劳动者素质提高、管理创新转变，而且还要求实现经济结构的优化升级，实现经济社会更好的发展质量和整体的协调、可持续。第三产业在推动经济发展方式转变中的作用深刻而广泛，是落实第二个转变的重要内容。从参与的深度上看，第三产业起源于生产和消费，服务于生产和消费，贯穿于生产和消费的各环节，是现代生产和消费不可或缺的重要部分。从参与的广度上看，第三产业与农业、工业具有广泛关联性，广泛地渗透于各行各业中，深刻影响各产业的发展进步。因此，大力发展第三产业，对调整优化我国三次产业结构、促进经济发展方式转变有着积极意义。

其次，大力发展第三产业是建立节约型社会、促进经济社会和人的和谐发展的必然要求。众所周知，发展工业特别是重化工业要消耗大量的土地、能源和原材料，同时也会带来环境污染等问题，这对许多重要资源占有量明显低于世界平均水平的中国来说，走重化工业发展模式必将受到资源、能源制约。而第三产业从总体上看，具有能源、资源消耗低、对环境和生态相对友好的特点，发展第三产业能够减少经济增长对资源能源的消耗，有效缓解能源资源短缺的瓶颈制约，减轻增长产生的环境与生态压力。

再次，大力发展第三产业是保障和不断改善民生的重要举措。一方面，随着经济社会的发展和收入水平的不断提高，人们对生活方式和生活质量有了更多更高的追求，消费结构加快由生存型向发展型、享受型转变，花钱买平安、买健康、买知识、买时尚、买休闲越来越成为消费新需求。因此，需要加速发展相应的旅游休闲、卫生保健、文化娱乐、教育培训等服务行业，从而满足人民群众各方面、多样化的服务需求，提高人民群众生活品质。另一方面，经过 30 多年的改革开放，我国积累了较为雄厚的物质基础和经济基础，人民群众希望有一个安居乐业的良好社会秩序，要求共享改革开放成果的愿望日益强烈，这需要政府提供有效的教育、医疗等公共服务，加快推进基本公共服务均等化。

最后，大力发展第三产业是扩大就业渠道、解决农村剩余劳动力转移问题的主要路径。我国农业人口多、基数大，随着农业劳动生产率的不断提高，农业中的就业人数会持续减少，农业部门积累的剩余劳动力会越来越多。但我国工业刚刚经历过过度投资问题，如今又面临着结构调整和产业升级的重任，在短期内难以吸纳较多的就业人数。而服务行业特别是生活性服务业面向老百姓，具有覆盖面广、劳动密集、就业容量大等特点，这就决定了我国新增的就业人数以及从农业部门转移出来的剩余劳动力只能进入第三产业部门就业。

第二节　中国第三产业相对生产率存在的问题与政策建议

一、中国第三产业相对生产率存在的主要问题

从第六章的实证分析中可以看出，目前我国第三产业及其内部行业之间的相对生产率仍然存在较多问题，主要表现在以下三个方面：

第一，与西方发达国家和亚洲发展中国家相比，我国第三产业相对生产率的值明显偏高。2010 年，我国第三产业的相对生产率为 1.25，亚洲发展中国家的这一数值为 1.17（2005 年），而 OECD 主要成员仅有 0.97（2003 年）。

第二，我国第三产业的相对生产率与第一、第二产业的相对生产率

不协调，三次产业之间相对生产率的差距过大，突出表现在第一产业的相对生产率明显偏低（2010 年为 0.28），第二、第三产业的相对生产率显著偏高（2010 年分别为 1.63、1.25），特别是第二产业的相对生产率过高。

第三，在第三产业内部，各行业之间相对生产率的差异也十分显著，两极分化严重，主要表现在生产服务业相对生产率的值较高，生活服务行业相对生产率的值较低，非营利性服务部门的相对生产率也比较低。相对生产率较高的行业主要集中在金融保险业、房地产业、邮电通信业、社会服务业、科学研究和综合技术服务业等部门。交通运输仓储业、批发零售贸易业、住宿餐饮业的相对生产率较低。教育、文化艺术及广播电影电视业、卫生体育和社会福利业等非营利性部门，这些行业的绝大部分是以提高社会效益为主要目标，市场化程度较低，受非营利性行业的性质所限，提供的服务产品价格不包含利润，导致在同比情况下产值相对低，相对生产率因而也较低。

二、相关政策建议

第三产业及其内部行业相对生产率存在的这些问题，不仅影响了我国第三产业的健康持续发展，而且制约着第三产业质量效益的提高，不利于第三产业内部结构的优化升级，必须采取有效措施认真加以解决。对于相对生产率较高的服务行业来说，可以通过制定合理的收入分配制度来调节其收入水平过快增长和增加一定就业量来适当降低相对生产率，进一步促进这些行业规范发展。对于相对生差率较低的服务部门来说，可以通过提高收入水平和减少就业量来提高相对生产率，以促进其健康发展。① 具体来说，可以从政府和企业两个不同层面提出政策建议。

（一）政府层面的政策建议

1. 改进第三产业核算方法，完善第三产业统计制度

我国虽从 1985 年开始国内生产总值生产核算，从 1993 年正式开始国

---

① 李江帆：《全面小康与第三产业发展》，载于《宏观经济研究》2003 年第 8 期，第 45 页。

内生产总值使用核算，并首次将第三产业使用核算作为国内生产总值核算的重要组成部分，但第三产业核算体系的进一步完善尚需一个过程。目前，我国第三产业的统计核算方法还存在一定缺陷，影响了经济分析和有关经济决策。因此，改进第三产业核算方法，完善第三产业统计制度是摆在我们面前一项十分紧迫的任务，特别是对那些服务产出难以测量的服务部门，以及随着经济社会发展不断涌出现的新兴服务行业，更需要采取切实可行的措施加以解决，如尽快建立科学、统一、全面、协调的服务业统计调查制度和信息管理制度，完善服务业统计调查方法和指标体系，增加经费投入和充实服务业统计力量。具体的措施包括建立周期性经济普查制度和经常性调查制度；加强对第三产业的统计调查、抽样调查和普查，解决第三产业统计资料缺乏的现状；加强对一些新兴服务业态的统计工作；改革和完善金融中介服务、房地产业、教育、医疗等行业的生产和使用核算方法；建立服务生产者价格指数和服务贸易价格指数等。

2. 加快第三产业市场化改革进程，逐步扩大第三产业对外开放

进一步加大经营性第三产业部门的市场化改革力度，特别是加快推进和完善垄断性服务行业的改革，除个别涉及国家安全和必须由国家垄断经营的领域外，其他行业都要进一步深化改革和完善改革措施，重点是放宽市场准入，引入竞争机制，推进国有资产重组，实现投资主体多元化。积极推进国有服务企业改革，对竞争性领域的国有服务企业实行股份制改造，通过建立现代企业制度，促使其成为真正的市场竞争主体。对文化教育、卫生医疗、广播电视、社会保障等社会事业部门，要明确其公共服务职能和公益性质，凡是能够实行市场经营的服务，要动员社会力量增加市场供给。采取政府购买服务的方式，从需求上支撑其发展。继续推进政府机关及企事业单位的后勤服务、配套服务改革，改变"政府办企业、企业办社会"的局面，推动由内部自我服务为主向主要由社会提供服务转变。一些应该市场化运作的生产服务业，如审计、会计、法律、资产评估等，应单独分离出来交给市场去运作，而不应该由政府包办包揽。鼓励服务企业合并、购并，形成多元投资、规模经营、网络化企业的企业组织结构。

随着加入 WTO 后过渡保护期的结束，我国在 WTO 谈判中所承诺的服务业开放领域将全部实现，要按照加入世贸组织服务贸易领域开放的各项承诺，大力推进服务领域的对外开放，着力提高利用外资的质量和水平，鼓励、吸引更多的外商、外资投向服务业。要正确处理好服务业的开放与培育壮大国内产业的关系，通过引入国际先进管理经验和完善企业治理结构，积极培育一批能够参与全球经济中高端竞争的服务性企业。虽然第三产业的全面开放在短期内会给国内的服务企业带来一定的竞争压力和冲击，但从长远来说，开放带来的竞争效应、示范效应、资本效应、技术溢出效应以及现代化的管理经验和先进的经营理念，必将促使国内服务企业进一步降低成本、提高效率和增强竞争力，从而带动我国整个服务行业管理水平、服务质量的提高以及服务价格的降低。

3. 完善第三产业价格形成机制，合理制定服务产品价格

随着第三产业在国民经济中的比重不断增大，服务产品的价格问题也变得日益重要。服务价格与实物价格一样，是联系社会各部门经济活动的纽带，也是调节三大产业经济利益的杠杆。服务产品千差万别，对不同性质的服务产品应制定不同的价格区别对待。因此，要进一步推进服务价格的体制改革，完善第三产业价格形成机制，充分运用价格杠杆作用，合理制定服务产品的价格。对已经放开并形成市场机制运作的服务领域的服务价格，由服务供给者按照产品成本和市场需求来定价。对电信、移动通讯、铁路、民航服务等垄断性经营的服务行业的过高价格要加强政府的价格管制，引进竞争机制，促进大众消费，积极稳妥地调整部分领域不合理的服务价格。对文化教育、卫生医疗、社会保障等公共服务业，在充分考虑其公共服务职能和公益性质的基础上，按照政企分开、政事分开、营利性机构与非营利性机构分开的原则，合理制定其产品的价格。

4. 明确公共服务产品的职能，增加公共服务领域的投入

教育文化艺术及广播电影电视业、卫生体育和社会保障业、国家机关政党机关和社会团体业的相对生产率，要低于服务业的相对生产率，这些行业的绝大部分是以提高社会效益为主要目标，一般来说市场化程度相对较低。加强公共服务、发展社会事业既是加快发展服务业的重要组成部分，同时又为各类服务业的发展提供强有力的支撑，也是转变政府职能、解决民生问题、促进社会和谐、全面建设小康社会的内在要求。

因此，对这些服务行业要突出其公共服务职能和公益性质，增加公共服务领域的财政投入，加大政策扶持力度，扩大服务供给，推动公共服务业加快发展。特别要以农村和欠发达地区为重点，加强公共服务体系建设，优化城乡区域服务业结构，逐步实现基本公共服务均等化，提高基本公共服务的覆盖面和社会满意水平。

5. 加大第三产业的科技投入，促进服务企业的技术进步

第三产业是一个异质性（heterogeneity）很强的部门，服务产品千差万别。有些服务行业无须顾客的直接参与，而且由于有可能用资本来代替劳动力，所以其中一些部门还可以实现自动化、规模化生产。通过加大对这些部门的科技投入力度（即 ICT 投资），促进其技术进步从而进一步提高生产率，如交通通信业、金融证券业进行 ICT 设备投资的效果就非常显著，在某种程度上类似于制造业部门。事实上，无论是新古典增长理论还是新增长理论，都强调技术进步对生产率增长的重要作用，只不过新古典理论假设技术进步是外生的，而新增长理论认为技术进步是内生的。技术进步部门本身的全要素生产率增长，直接对总体劳动生产率做出贡献，这被称之为技术进步的"直接效应"；其他部门由于增加了对技术进步部门产品的投资，从而有助于提高其生产率的增长率，这就是技术进步的"溢出效应"，主要通过"资本深化"也就是资本替代劳动来加速劳动生产率增长。

6. 加强劳动力的教育与职业技能培训，吸引高素质劳动力流向第三产业

近年来，第三产业领域承接了大部分新增就业人员和从农业转移过来的剩余劳动力，但这些劳动者的大多数素质普遍不高，劳动技能有待提高，而且大部分劳动力主要流向诸如交通运输仓储、商业贸易、住宿餐饮和"其他行业"等传统服务行业。因此，加强劳动力的职业教育与技能培训、提高劳动者的素质，吸引高素质的劳动力流向第三产业，这既是解决劳动力就业的有效途径，也是促进我国第三产业发展、提高效率和竞争水平的根本。杨向阳等（2004）的研究结果认为现阶段决定我国第三产业产出水平的两种要素——劳动与资本的替代弹性系数均大于1，即两者可以相互替代。这就意味着今后我国第三产业的发展完全可以通过使用更多的劳动力，特别是高素质的劳动力来实现。在某种意义上来说，这也是近年来我国大力提倡以促进就业来带动第三产业加快发展的原因和依据所在。

7. 调整优化第三产业内部结构，促进第三产业结构升级

为了适应新型工业化和居民消费结构升级的新趋势，政府有关部门可通过制定合理的产业发展政策来引导第三产业的发展，当前要重点发展现代服务业，规范提升传统服务业，充分发挥服务业吸纳就业的作用，优化行业结构，提升技术结构，改善组织结构，促进第三产业内部结构优化升级，全面提高服务业发展质量和水平。今后相当一段时期内，我国第三产业结构调整的主要方向是：大力发展包括金融保险、商务服务、计算机服务、软件业等为生产提供服务的生产性服务业，促进先进制造业与现代服务业有机融合、互动发展；努力发展教育文化、卫生医疗、旅游休闲等服务行业，不断满足人们日益增长的多元化需求；积极支持市场潜力大、投资效益好的新兴服务业，培育新的经济增长点，从而为整个国民经济发展提供有力支持；继续发展就业容量大的服务行业，充分挖掘服务业吸纳就业的巨大潜力，为社会提供更多就业和再就业岗位。

（二）企业层面的政策建议

1. 改造传统服务性企业，促使服务生产尽量达到系统化、标准化和专业化

有些服务业属于劳动密集型行业，个性化程度较高，标准化程度较低，很难像制造业那样通过机械化和流水线来实现大规模生产，提高生产率。但是随着科学发展及技术进步，原来一些传统的服务通过改造，更多地采用制造业的方式，也能实现服务生产的标准化及专业化，从而提高服务生产率。如通过连锁经营、网络经营、特许经营制度以及契约化的管理来提高作业规模，改善作业的经济性；通过一定的技术和流程改造，使服务业的表现形态更加接近标准化，服务产品的生产更加大量化及更加趋于非个人化；工作的专门化和市场的专门化也可促使传统的服务企业劳动生产率的进一步提高。管理学家莱维特（Theodore Lievit）就曾说过，服务性企业可以在生产率改进方面有所收获，只要它们采用更系统化的管理方法。

2. 增强顾客在服务消费时的参与程度，努力依靠消费者来提高服务生产率

服务具有生产与消费的同时性，服务产出是一个过程，消费者往往参与大部分的服务生产，在一定意义上说，消费者是服务生产的投入要

素之一。因此，通过发挥顾客在服务生产过程中的配合作用，增强顾客的参与程度，依靠消费者来提高服务生产率是可行的，尤其是在接触程度较高的服务行业中尤为如此。如自助餐厅、自助加油站、自助银行等自助服务的形式被服务业广泛采用，目的就是让消费者更加深入参与到生产中来，减少企业工作人员，降低企业的服务运作成本。同时，这一自助方式也可使消费者减少费用和节省时间，消费者从中得到实惠，因而为大多数消费者所接受。

3. 改变消费需求的时空分布，减少和缓解服务供需结构的错位与失调状况

服务产出的不可储存性和非转移性决定了服务供需双方不可避免会出现错位现象，使服务的供给与需求因形成的时间或地域不一致而产生供求矛盾，从而造成一些服务部门经常会出现需求旺季与淡季。例如，在春节、国庆等节假日期间，国内各大旅游景点、商场宾馆、车站机场人满为患，并出现住宿难、吃饭难、买票难、出行难等一系列问题。在服务需求旺季时，服务供不应求，出现排队等候现象。在淡季时，则出现服务供过于求，造成服务产品的浪费与服务设施的大量闲置。对于服务需求与供给的错位与失调，可以运用服务需求管理机制，如通过预定和预约制度、分类管理、差别化定价等各种措施来改变消费者的需求时机，将高峰期的一部分服务需求合理有序转移到低峰期，从而使服务的供给与需求在某种程度上得以均衡。

4. 实施企业信息化建设，提高企业管理水平

信息技术改变了管理方式，使现代管理由传统的原子管理（对有形资产的管理，如货物储存、产品运送、设备购买、机器安装、厂房建设等）向比特（bite）管理（指对信息的管理、数据的收集、分析、分类、共享和复制等）转变。信息技术将是继蒸汽机、电的发明之后的第三次使生产率产生巨大飞跃的技术，可极大提高企业的生产率。例如，1992年戴尔（DELL）公司存货每年周转的次数为6次，在实施企业信息化之后，存货每年周转的次数上升为60次，生产率提高了10倍。又如，1970年美国一项典型的通过柜台方式进行的银行交易，成本为1.25美元，通过电话委托的成本则为54美分，而通过网上银行进行交易的，成本只需花费2美分，生产率大大提高了60倍。

信息技术的发展，还导致服务企业的组织管理成本的降低和规模经济边界的拓展。一方面，服务企业的信息化管理，从根本上改变了收集、处理和利用信息的方式，也对决策和响应速度提出了新的要求，从而导致组织结构的巨大变革，原来"金字塔"形的结构向扁平化的"动态网络"结构发展。另一方面，计算机系统取代中层监督控制部门的大量职能，加强决策层和执行层的直接沟通，使中层管理的作用大为降低，从而减少了管理层次和信息失真，削减了机构规模，提高了管理效率。

第八章

结论与展望

第一节 研究结论与启示

围绕产业结构变动及其相对生产率的变化趋势这一核心问题，本书在对相对生产率变动机理分析的基础上，运用大量统计数据，对美国、OECD 国家、亚洲发展中国家和中国的三次产业以及服务业内部行业相对生产率的变化情况，进行了实证分析，并揭示其变化的一般趋势。主要研究结论如下：

第一，美国在工业化时期，受三次产业的产出结构和就业结构剧烈变动的影响，三次产业的相对生产率发生较大的变动：相对生产率本来较高的工业、服务业大幅度下降，其相对生产率都不同程度地向 1 趋近，两大产业相对生产率之间的差距在逐渐缩小；相对生产率较低的农业却呈现上升的趋势，也在缓慢地向 1 接近。美国工业化时期三次产业相对生产率的变化趋势与库兹涅茨、钱纳里等人的研究结果是一致的。

第二，美国进入后工业化社会以后，随着三次产业的结构变动逐渐趋缓，三次产业之间相对生产率的变化也逐渐温和，即工业、服务业的相对生产率微弱上升，农业相对生产率的值比工业化时期有所提高，三次产业的相对生产率都不同程度地趋近 1。

就三次产业相对生产率的变动幅度而言，服务业的变幅最小，工业次之，农业变幅较大。这证实了服务业对国民经济具有"稳定器"的功能。在服务业内部，生产性服务业相对生产率的值最高，个人服务业、其他服务业最低，流通类服务业、社会类服务业比较接近服务业的相对生产率。也就是说，"技术进步型"服务部门的相对生产率比较高，如房地产业、金融保险业、交通运输、通信业等现代服务部门；"技术停滞型"服务部门的相对生产率比较低，如个人服务业、批发零售贸易业等传统服务部门。此外，教育、卫生及社会保障业等非营利性服务部门，其相对生产率的值一般也偏低。服务业内部不同行业相对生产率的变化趋势与服务业内部结构的升级趋势是基本一致的，这是服务业内部结构高级化的一种体现，而且随着经济发展和社会进步，相对生产率较高的部门在国民经济中的地位和作用将日益显现。

第三，20世纪70年代末以来，西方发达国家三次产业之间的结构变动逐渐趋缓，产业结构变动主要体现在服务业的内部结构上。因此，西方发达国家三次产业相对生产率的变动相对平稳，其中，农业的相对生产率小幅下降，工业微弱上升，服务业的相对生产率变化最为稳定，表明服务业对经济更具稳定的功能；工业、服务业的相对生产率逐渐趋近于1，特别是服务业已经非常接近1；服务业内部行业的相对生产率变化趋势，表现为交通运输通信业、金融保险业、公共管理服务业的相对生产率在上升，房地产业、租赁商务服务业、教育卫生服务业、个人服务业的相对生产率在下降，批发零售贸易业、其他服务业的相对生产率变化基本稳定；"技术进步型"的现代服务部门的相对生产率较高，"技术停滞型"的传统服务部门的相对生产率偏低，非营利性服务部门的相对生产率也比较低。西方发达国家服务业的内部行业相对生产率的变化趋势代表了服务业内部结构优化升级的方向，是内部结构高级化的表现。

第四，当前亚洲发展中国家正处于工业化加快发展阶段，三次产业之间的结构仍处于不断调整之中，导致三次产业的相对生产率变动剧烈，变幅较大。三次产业的相对生产率都呈现下降趋势，其中，本来相对生产率大于1的工业和服务业，其相对生产率不断趋于1下降，特别是服务业的相对生产率更为接近1，相对生产率小于1的农业却远离1下降，到20世纪90年代中期以后，三次产业相对生产率的变动明显减缓，长期处于缓慢地下降之中；在服务业内部行业相对生产率的变化上，本来相对生产率较高的金融保险不动产业依然保持上升趋势，相对生产率较低的批发零售贸易、饭店旅馆业，社会服务、个人服务业却仍在继续下降。与发达国家相比，发展中国家服务业的内部行业相对生产率的值普遍偏高，而且变动也更为剧烈。

第五，改革开放以来，中国三次产业结构的不断调整引起其相对生产率发生剧烈变动：三次产业的相对生产率都出现不同程度地下降，第二、第三产业的降幅显然更大；第二、第三产业的相对生产率在缓慢地趋近于1，但与1的差距仍然较大，尤其是第二产业；第一产业相对生产率的值很低且在继续下降，偏离1的程度加大。与国外相比，我国第一产业的相对生产率的值明显偏低，第二、第三产业显著偏高，特别是第二产业的相对生产率过高。此外，我国三次产业相对生产率的变化容易受国家政策的影响，当国家出台有利于某项产业发展的政策时，该产业的相对生产率在一定时间内会明显上升。

我国第三产业的相对生产率偏高并不意味着第三产业就高度发达，相对生产率偏高伴随的是第三产业的低产出比重和低就业比重，而发达国家服务业相对生产率较低的背后伴随着较高的产出比重和就业比重，体现了服务业的高度发达。与国外三次产业相对生产率的变化相比，我国的变化趋势与亚洲工业化国家的变化趋势比较接近，与西方发达国家相差较大，具体表现在我国和亚洲工业化国家三次产业相对生产率的变化程度剧烈，波动较大，而发达国家在进入后工业化社会以后，因三次产业结构变化趋缓导致其相对生产率的变化相对稳定。因此，经济社会处于不同的发展阶段，其相对生产率的变化也明显不一样，工业化发展阶段，产业结构变动剧烈引起三次产业的相对生产率变化剧烈；在后工业化时期，产业结构变化相对稳定，从而相对生产率的变动也表现得更为平稳。

第六，在我国第三产业内部，"技术进步型"的现代服务部门，其相对生产率的值较高，"技术停滞型"的传统服务业，其相对生产率的值较低，教育、卫生等非营利性服务部门的相对生产率也偏低，这与发达国家服务业内部行业的相对生产率的变化特点是一致的。与发达国家服务业相比，我国第三产业内部行业相对生产率存在两个显著差异：一是我国第三产业内部行业的相对生产率的变动幅度大，变化剧烈，无论是从四个层次的比较还是从具体的内部行业来看都是如此，发达国家服务业相对生产率的变动表现得更为平稳，变幅很小。二是我国绝大多数服务行业的相对生产率的值要比发达国家高，除其他服务业和农林牧渔服务业外，我国其余的服务行业相对生产率的值都要高于发达国家相应行业的相对生产率。总的来说，我国第三产业内部行业相对生产率的变化特点与发展中国家服务业内部行业相对生产率的变化比较一致。

第七，产业结构偏离度是测量产业结构效益的工具。产业结构的非正常偏离度与结构效益成反比，就业结构与产值结构越不对称，偏离度越高，产业结构的效益就越低。改革开放至今，我国三次产业的产业结构偏离度趋于下降，总的结构偏离度也在不断下降，但三次产业之间仍然存在比较严重的结构偏差。三次产业结构偏离度的绝对值都比较大，特别是第一产业的正向偏离度和第二产业的负向偏离都非常严重。这表明我国三次产业结构仍然十分不合理，结构效益低下，这种结构偏差进一步制约了经济增长的速度和质量，因此，我国产业结构调整优化的任务仍然十分艰巨。针对我国严重的产业结构偏差，本书提出了通过加快发展第三产业若干重点行业，大力提高第三产业的产出比重和就业比重，以此解决我国第一、第二产业严重的非正常偏离。

第八，相对生产率的变化会明显影响到产业结构效益的变化，因此，相对生产率可以用来测量产业结构效益的高低，是一个相对指标。为了进一步探索我国第三产业相对生产率的变动对第三产业结构效益的影响程度，本书第六章通过构造第三产业结构效益方程来进行回归模型分析，为了更能说明问题，增加对比度，本书还构造了一个三次产业总的结构效益方程来进行比较分析。回归分析结果表明：教育水平对三次产业总的结构效益和第三产业的结构效益具有正相关性，尤其教育水平对第三产业结构效益的正影响更显著；市场化水平对我国产业结构的效益和第三产业结构效益存在较弱的正相关性；对外开放水平对第三产业的结构效益存在正相关性；此外科技进步对产业结构效益有较弱的正影响。

本项研究得出的结论具有重要的政策意义。

首先，通过对三次产业相对生产率的国内外比较，发现我国三次产业相对生产率的变动与国外存在较大差异，这种差异在一定程度上表明了我国三次产业的结构仍然不尽合理，产业结构偏差比较严重，造成产业的结构效益较低。改革开放以来，尽管我国的经济一直保持高速增长，1979～2009 年我国 GDP 的年均增长速度为 9.9%，远高于世界上的其他国家，但这种经济增长的方式是一种以数量的增长和速度为中心的粗放型增长，单纯依靠生产要素的大量投入和扩张，通过扩大生产场地、添加机器设备、增加劳动力等来实现经济的增长，而不是通过技术进步、提高劳动者素质和提高资金、设备、原材料的利用率等来实现经济的增长，缺乏质的提高。因此，今后我国经济政策的重点在于逐步提高经济增长的质量和效应，调整优化产业结构，加快转变经济发展方式，促进国民经济健康、持续、稳定发展。

其次，通过对第三产业内部行业相对生产率的对比分析，发现我国第三产业不仅增加值比重和就业比重偏低，第三产业发展滞后于国民经济的发展，而且第三产业内部行业的结构也处于一个低端化的发展阶段，以传统的服务部门为主，新兴的现代服务部门发展缓慢。今后，对我国第三产业的发展不仅要保持量的持续扩张，而且还要向质的增进转变，即要通过合理优化第三产业内部行业来促进第三产业内部结构升级，从而提高第三产业的结构效益。

最后，第三产业相对生产率尽管是一个相对指标，但它也是动态变化的，受到第一、第二产业相对生产率的变化而产生影响。因此不能孤立、简单地看待第三产业相对生产率高低的变化，而应该综合第一、第二产业的相对生产率变化来进行考察，特别是在制定产业经济政策时，也应该综合、全面地考虑各产业之间的相互协调发展，从整体上来提高产业结构的效益。

第二节　研究展望

服务业相对生产率是一个偏冷课题，国内外对此研究很少，本书对国内外服务业相对生产率变化趋势的研究是一种探索与尝试。受时间和数据方面的限制，加上本人的研究能力有限，书中对服务业相对生产率的研究不够全面和深入，尚存在一些问题有待于进一步深入研究。具体来说，主要体现在以下几个方面：

第一，由于对服务业内部行业的划分至今尚无统一的国际标准，笔者只能依据所获得的数据，分别对发达国家的服务业内部行业采用辛格曼的四分法、对发展中国家的服务业内部行业按照 ISIC – Rev. 2 版进行归类整理，进而计算、比较相对生产率，而中国则按照国家统计局 1985 年对第三产业内部行业划分的四个层次进行相对生产率的比较。这种粗略的归类难免造成服务业内部行业划分上的不一致，从而影响国内外比较效果。

第二，我国对第三产业内部行业的统计始于 1990 年，到了 2004 年，国家统计局对第三产业内部行业的统计重新调整，统计口径发生较大变化。因此，本书第六章中对中国第三产业内部行业相对生产率变动趋势的分析数据只能取自 1991～2003 年，考察时序变化的年限较短，从而影响分析效果。

第三，改革开放以来，我国处于体制转轨和经济转型的特殊历史时期，中国三次产业以及第三产业内部行业相对生产率的变化与发达国家存在较大差异，本书未能较好地对产生这种差异的原因进行更深入分析，而且对解决中国第三产业相对生产率存在问题的政策建议也不够成熟。

第四，本书对相对生产率趋于 1 的变动机理缺乏定性分析。

参考文献

［1］［美］平狄克、鲁宾费尔德著，张军等译：《微观经济学（第四版）》，中国人民大学出版社 2000 年版。

［2］［加］赫伯特·G·格鲁伯等著：《服务业的增长：原因与影响》，上海三联书店 1993 年版。

［3］［美］森吉兹·哈克塞弗、巴里·伦德尔等著，顾宝炎、时启亮等译：《服务经营管理学（第二版）》，中国人民大学出版社 2005 年版。

［4］［美］钱纳里等著，吴奇等译：《工业化和经济增长的比较研究》，上海人民出版社 1995 年版。

［5］［美］维克托·R·富克斯著，许微云等译：《服务经济学》，商务印书馆出版 1987 年版。

［6］［美］西蒙·库兹涅茨著，常勋等译：《各国的经济增长》，商务印书馆 1999 年版。

［7］［美］西蒙·库兹涅茨著，戴睿、易诚译：《现代经济增长》，北京经济学院出版社 1989 年版。

［8］鲍步云：《生产率论》，载于《学术交流》1990 年第 6 期。

［9］程大中：《中国服务业增长的特点、原因及影响——鲍莫尔—富克斯假说及其经验研究》，载于《中国社会科学》2004 年第 2 期。

［10］程大中、陈福炯：《中国服务业相对密集度及其对劳动生产率的影响》，载于《管理世界》2005 年第 2 期。

［11］陈凯：《我国工业、服务业比较生产率差距拉大：现象与原因》，载于《统计与决策》2006 年第 5 期。

［12］陈凯：《中国服务业内部结构变动的影响因素分析》，载于《财贸经济》2006 年第 10 期。

［13］方甲主编：《产业结构问题研究》，中国人民大学出版社 1997 年版。

［14］顾立群：《比较劳动生产率在指定劳动力结构调整政策时的应用》，载于《复旦学报（自然科学版）》1987年第4期。

［15］顾乃华：《1992－2002年我国服务业增长效率的实证分析》，载于《财贸经济》2005年第4期。

［16］顾乃华、李江帆：《中国服务业技术效率区域差异的实证分析》，载于《经济研究》2006年第1期。

［17］郭克莎：《中国：改革中的经济增长与结构变动》，上海人民出版社1996年版。

［18］郭克莎：《结构优化与经济发展》，广东经济出版社2001年版。

［19］郭克莎：《第三产业的结构优化与高效发展》，载于《财贸经济》2001年第10、第11期。

［20］郭克莎：《总量问题还是结构问题？——产业结构偏差对我国经济增长的制约及调整思路》，载于《经济研究》1999年第9期。

［21］郭克莎：《再论结构偏差对我国经济增长的制约及调整思路》，载于《中国工业经济》2000年第1期。

［22］黄少军：《服务业与经济增长》，经济科学出版社2000年版。

［23］江小涓、李辉：《服务业与中国经济：相关性和加快增长的潜力》，载于《经济研究》2004年第1期。

［24］江小涓主编：《中国服务业的增长与结构》，社会科学文献出版社2004年版。

［25］江小涓：《'十一五'期间中国服务业发展的思路、目标和体制政策保障》载于《管理世界》，2005年第1期。

［26］蒋昭侠：《产业结构问题研究》，中国经济出版社2005年版。

［27］李江帆：《第三产业经济学》，广东人民出版社1990年版。

［28］李江帆、黄少军：《世界第三产业与产业结构演变规律的分析》，载于《经济理论与经济管理》2001年第2期。

［29］李江帆、曾国军：《中国第三产业内部结构升级趋势分析》，载于《中国工业经济》2003年第3期。

［30］李江帆：《产业结构高级化与第三产业现代化》，载于《中山大学学报》2005年第4期。

［31］李江帆：《全面小康与第三产业发展》，载于《宏观经济研究》

2003 年第 8 期。

[32] 李江帆：《第三产业垄断行业的规制与改革》，载于《商业经济文荟》2003 年第 3 期。

[33] 李江帆主编：《加快发展我国生产服务业研究》，经济科学出版社 2018 年版。

[34] 李健英：《改革开放以来城市化与第三产业关系分析》，载于《商业经济文荟》2002 年 4 期。

[35] 李丽萍、黄薇：《武汉市产业结构的偏离度趋势》，载于《统计与决策》2006 年第 4 期。

[36] 李京文等：《生产率与中国经济增长的研究》，载于《数量经济技术经济研究》1992 年第 1 期。

[37] 梁若冰：《Solow 悖论引出的思考：服务业的生产率之谜》，载于《世界经济》2002 年第 9 期。

[38] 刘明华：《国外服务生产率增长缓慢理论解释述评》，载于《外国经济与管理》2007 年第 10 期。

[39] 刘明华：《我国服务业发展缓慢的原因及提升对策》，载于《经济纵横》2008 年第 3 期。

[40] 刘志铭：《服务企业生产率提高的障碍及对策》，载于《商业经济与管理》2000 年第 3 期。

[41] 吕铁、周叔莲：《中国的产业结构升级与经济增长方式转变》，载于《管理世界》1999 年第 1 期。

[42] 苏东水主编：《产业经济学》，高等教育出版社 2000 年版。

[43] 王海涛：《发达国家第三产业内部构成的变化及对我国第三产业发展的启示》，载于《南开经济研究》1995 年第 4 期。

[44] 肖灵机、王少东、李钊：《对江西第三产业内部各行业比例结构的评价——从比较劳动生产率视角》，载于《江西社会科学》2006 年第 9 期。

[45] 肖灵机、王少东、余鑫：《欠发达地区第三产业内部结构合理化》，载于《当代财经》2006 年第 6 期。

[46] 熊映梧、吴国华等：《论产业结构优化的适度经济增长》，载于《经济研究》1990 年第 1 期。

［47］徐宏毅、陶德馨：《服务业生产率低下的原因及改进对策研究》，载于《科技进步与对策》2002 年第 6 期。

［48］徐美凤：《中国信息产业全要素相对生产率评价》，载于《情报杂志》2004 年第 12 期。

［49］阎小培：《广州产业结构的效益与演变趋势分析》，载于《地理学与国土研究》1998 年第 3 期。

［50］杨向阳、徐翔：《中国服务业生产率与规模报酬分析》，载于《财贸经济》2004 年第 11 期。

［51］杨治：《产业经济学导论》，中国人民大学出版社 1985 年版。

［52］于丹：《美国服务业的经济"稳定器"作用及其对中国的启示》，载于《世界经济研究》2007 年第 5 期。

［53］于丹：《服务业经济"稳定器"作用研究》，中山大学管理学院博士论文，2007 年。

［54］张德霖：《两大理论体系中的生产力与生产率理论的比较研究》，载于《经济研究》1990 年第 1 期。

［55］郑吉昌、何万里、夏晴：《我国产业结构偏离现状和趋势及对服务业发展的启示》，载于《经济学动态》2007 年第 6 期。

［56］周振华：《现代经济增长中的结构效应》，上海三联书店出版社 1991 年版。

［57］Baumol, W. J., Blackman, S. and Wolff, E., "Unbalanced Growth Revisited, Asymptotic Stagnancy and New Evidence", *Economic Review*, 1985, Vol. 75, pp. 806 – 816.

［58］Baumol, W. J., "Macroeconomics of Unbalanced Growth: The Anatomy of Urban Crisis", *American Economic Review*, 1967, Vol. 57, pp. 415 – 426.

［59］Baumol, W. J., et al., "Unbalanced Growth Revisited: Asymptotic Stagnancy and New Evidence", *The American Economic Review*, 1985, Vol. 75, pp. 806 – 817.

［60］Browning and Siglemann, "The transformation of the US labor force: The interaction of industry and occupation", *Politics and Society*, 1978, vol. 8, pp. 481 – 509.

［61］ Chenery, H. B., "Structural Change and Development Policy.", New York: Oxford Unibersity Press.

［62］ Chenery, H. B., M. S. Ahluwalia, C. Bell, J. H. Duloy. and R. lolly, "Redistribution with Growth.", London: Oxford University Press.

［63］ Chenery, H. B., and M. Syrquin, "Patterns of Development", London: Oxford University Press, 1975.

［64］ Chenery, H. B., H. Elkington and C. Sims, "A Uniform Analysis of Development Pattern", Harvard University Center for International Affairs, Economic Development Report, 1970, P148.

［65］ Clark, C., "The Conditions of Economic Progress", London: Macmillan, 1940.

［66］ Delaunay, Jean Claude, Jean Gadrey, "Services in Economic Thought", *Klewer Academic Publishers*, 1992.

［67］ Elfring, Tom, "New evidence on the expansion of service employment in advanced economies", *Review of income and wealth.*, 1989.

［68］ Falvey, R. E. and Norman Gemmell, "Are services income-elastoc? Some new evidence", *Review of Income and Wealth*, 1966, Series42, No. 3.

［69］ Färe R., Grosskopf S., & Lee, "Productivity in Taiwanese Manufacturing Industries", *Applied Economics*, 1995, Vol. 27, pp. 259 – 265.

［70］ Fletcher, John and Helena Snee, "The Need for Output Measurements in the Service Industries: A Comment", *The Service Industries Journal*, 1985.

［71］ Griliches, Zvi, "Productivity, R&D, and the Data Constraint", *American Economic Review*, 1994, Vol. 84.

［72］ Griliches, Zvi, "Output Measurement In the Service Sectors", *The University of Chicago Press*, 1992.

［73］ Gordon, Robert J., "Problem in the Measurement of Service-Sector Productivity in the United States", *NBER Working Paper*, 1996, p5519.

［74］ Jorgenson, Dale W., and Kevin Stiroh, "Raising the Speed Limit: U. S. Economic.

［75］ Growth in the Information Age, *Brookings Papers on Economic Activity* (1), 2000, pp. 125 – 211.

［76］ Klodt, H. , "Structure Change Towards Services: the Germany Experience", *University of Birmingham IGS Discussion Paper*, 2000.

［77］ Kimio UNO, "Measurement of Services in an Input-Output Framework", *Elsevier Science Publishers B. V*, 1989.

［78］ Koichi Emi, "Employment structure in the service industries", *The developing economies*, 1969.

［79］ Kuznets, S. , "Growth and Structural Shifts. " In W. Galenson, ed. , Economic Growth and Structural Change in Taiwan: The Postwar Experience of the Republic of China, Ithaca, N. Y. : Cornell University Press, 1979.

［80］ Lewis, W. A. , "Economic Development with Unlimited Supplies of Labor. ", Manchester School of Economic and Social Studied 22 (May), 1954, pp. 139 – 191.

［81］ Marcela Miozzo and Lus Soete, "Internationalization of Services: A Technological Perspective", Technological Forecasting and Social Change, 2000, Vol. 67.

［82］ Martin Zagler, "Service, innovation and the new economy: Structural change and economic dynamics", 2002, Vol. 13, pp. 337 – 355.

［83］ Markusen, James R. , "Trade in Producer Services and in Other Specialized Intermediate Inputs. " *American Economic Review*, 1989, pp. 85 – 95.

［84］ Nicholas Oulton, "Must the Growth Rate Decline? Baumol's Unbalanced Growth Revisited", *Bank of England*, 1999.

［85］ OECD: "Structure and Trade in International Trade in Service", 1997 – 2002, 2003c.

［86］ Pilat, Dirk and Frank Lee. , "Productivity Growth in ICT-producing and ICT-using industries: A source of growth differentials in the OECD?", *OECD*, 2000.

［87］ Pasinetti, L. L. , "Structural Change and Economic Growth", *Cambridge*, 1987.

［88］ Pascal Petit, "Slow growth and the service economy", Martin's Press, 1986.

［89］ Riddle, D. , "Service Led Growth: The Role of the Service Sector in World Development", 1986, *Praeger*, *New York*.

[90] Syrquin, M. and Chenery, H. B., "Three Decades of Industriali-zation", The World Bank Economic Reviews, 1989, Vol. 3 pp. 152 – 153.

[91] Syrquin, M. "Structural Transformation and the New Growth Tho-ry", in Pasinetti, L. L. and Rebert. M. Solow "Economic Growth and the Structure of Long-Term Development", The Macmilan Press.

后　记

　　本书是在我的博士论文基础上修改完成的。不知不觉中我博士毕业重新踏上工作岗位竟快十年了，但十年前在中山大学管理学院的博士求学生涯以及博士论文写作所经历的艰难痛苦，仍然记忆犹新，历历在目。

　　2005 年秋，我有幸成为我国著名的第三产业经济学专家李江帆教授指导的一名全日制博士生，进入了第三产业经济与服务管理的研究领域。在整整三年的博士生学习中，我得到了导师无私的帮助和悉心的指导。导师渊博的学识、严谨的治学态度、执着的学术追求，诲人不倦的育人精神、坦诚正直的为人，对我做人和做学问都产生了深远的影响。因兼任李老师的科研助理工作，我有更多机会与导师接触，利用近水楼台先得月的便利，李老师经常给我"开小灶"。记得刚入学不久，导师就鼓励我要多写文章，练练笔。第二学期，导师又将他的读书心得悉数传授给我，使我受益终生。后来我发表的几篇论文无不受益于导师传授的"秘方"。在博士论文的写作过程中，从确定选题到开题报告、构思框架、文献收集、文字润色，甚至标点符号的修改，李老师都给予非常细致和耐心的指导。导师治学非常严谨，对学生的学业一向从严，毫不含糊，要想在导师面前蒙混过关几乎不可能。博士论文答辩稿前前后后修改了十余次，即使答辩通过了，导师也不忘要求我根据答辩老师所提意见再次修改完善。

　　本书得以完成并出版，离不开导师的厚爱与宽容。在服务业相对生产率研究被确定为我的博士选题之后，导师就将之列入《中山大学服务经济与服务管理论丛》之一，让我搭上了该论丛的"末班车"。我 2008年 7 月博士毕业后，导师就叮嘱我半年之内将论文再扩充一下，争取在2009 年交付出版。谁知我博士毕业后因为工作、家庭等各方面的原因，这一拖竟然拖至今日，心里感到十分愧疚与惴惴不安。如果不是导师一而再、再而三的提醒，如果不是导师对我始终"不离不弃"，恐怕此书也很难与读者朋友见面。在此，向恩师李江帆教授致以深切的敬意和由衷的感谢，尽管我没有像其他大多数的师兄师姐、师弟师妹走上学术研究的道路，但也真诚希望在今后的工作中能继续得到导师的关心与指导。

需要说明，本书初稿是我从撰写博士论文时所能掌握的最新统计数据中揭示中外相对生产率变化趋势的。因从博士论文答辩到本书完成经历时间较长，不少中外最新数据在我博士毕业后的繁重工作压力下难以有时间重新系统收集整理。如要用动态数据拟合新的定量分析模型并探索规律，工程浩大，是业余时间难以支撑的。幸亏，变动中的、似乎是杂乱无章的产业现象中隐含着相对稳定的或然规律，这使本书有可能通过对中西方代表性国家跨度十年甚至数十年历史数据的定量分析，探究发达国家、发展中国家和我国三次产业和第三产业内部行业的相对生产率发展的演变规律，而不必紧追单个年份的最新统计数据。尽管如此，对因主客观因素制约无法在本书出版时用最新数据充实服务业相对生产率研究成果，我还是要向读者们表示深深的歉意，希望以后有机会弥补此缺憾。

在论文即将付梓出版之际，感谢中大管院的李新春教授、李善民教授、李非教授、吴能全教授、孙海法教授、丘海雄教授、苏琦副教授、李孔岳副教授，他们联合开设的企业理论课程，让我有耳目一新的感觉。感谢王宁教授开设的定性研究方法课程，使我在论文的写作过程中受益匪浅。特别感谢李非教授、梁琦教授、李孔岳副教授在我论文开题和预答辩时提出的精辟意见和宝贵建议。感谢在百忙之中抽空前来参加答辩的李新家研究员、张启人教授、刘少波教授、黄铁苗教授、梁琦教授，他们提出了一些十分中肯的意见和建议。还要感谢管理学院学术教务部的陈智主任、余树歆老师和何培禄老师在我博士求学期间给予的帮助和提供的便利。

感谢于丹博士、杨广师弟、李惠娟师妹对我论文计量部分所给予的帮助，在向他们请教和讨论之中，自己也获益不少。感谢我的同窗好友陈慧敏、马凤华、黄奕祥在攻博期间对我生活、学业和工作上的关心与帮助。感谢李冠霖师兄、卿前龙师兄、张卿师兄、雷小清师兄；魏作磊博士、顾乃华博士、刘继国博士、胡霞博士、陈凯博士、李碧花博士对我论文或工作的关心。感谢2005级硕士刘勇、万慧玲、周小琴、陈婷婷在我攻博第一年时，协助我处理了不少三产中心的科研工作。还要感谢陈洁雄、陈伟师弟在三产中心工作时的默契配合与相互帮助。师弟朱胜勇在我博士论文开题、预答辩和正式答辩期间担任秘书一职，做了大量繁琐、细致而富有成效的工作，在此特别表示感谢！

还要借此机会表达对师母李健英教授的深深谢意。师母不但关心我的学业，而且对我的生活和工作也非常关心、经常过问。每次与她交谈都如沐春风、获益良多。她溢于言表的亲切关怀使我终生难忘。

本书能够顺利出版，离不开经济科学出版社范莹老师的辛勤付出，范老师认真负责、细致高效的编辑令人钦佩。

最后，还要感谢我的家人长期以来对我的关心和支持。感谢岳父岳母对我家庭无私的帮助与照顾，感谢妻子安林在我攻读硕士和博士期间的一直陪伴，以及在我工作上的大力支持与充分理解，她承担了大量而繁琐的家庭事务。聪明可爱的儿子刘泽曦在 2012 年 3 月出生后，给我带来了无穷的欢乐与笑声。他们的鼓励与支持一直是我前进的动力。

因水平有限，本书的分析框架、观点、数据和论证方法可能存在种种不足，恳请读者们不吝赐教。

刘明华

2017 年 12 月 10 日于珠海

图书在版编目（CIP）数据

服务业相对生产率研究 /刘明华著. —北京：经
济科学出版社，2018.6
（中山大学服务经济与服务管理论丛）
ISBN 978 – 7 – 5141 – 9459 – 3

Ⅰ.①服… Ⅱ.①刘… Ⅲ.①服务业 – 劳动生产率 –
研究 Ⅳ.①F719

中国版本图书馆 CIP 数据核字（2018）第 137670 号

责任编辑：范　莹
责任校对：王苗苗
责任印制：李　鹏

服务业相对生产率研究

刘明华　著

经济科学出版社出版、发行　新华书店经销
社址：北京市海淀区阜成路甲 28 号　邮编：100142
总编部电话：010 – 88191217　发行部电话：010 – 88191522
网址：www. esp. com. cn
电子邮箱：esp@ esp. com. cn
天猫网店：经济科学出版社旗舰店
网址：http://jjkxcbs. tmall. com
北京季蜂印刷有限公司印装
710×1000　16 开　13.25 印张　200000 字
2018 年 8 月第 1 版　2018 年 8 月第 1 次印刷
ISBN 978 – 7 – 5141 – 9459 – 3　定价：46.00 元
（图书出现印装问题，本社负责调换。电话：010 – 88191502）
（版权所有　侵权必究　举报电话：010 – 88191586
电子邮箱：dbts@esp. com. cn）